すぐ使いこなせる

知的な大人の語彙1000

明治大学教授
齋藤孝

興陽館

すぐ使いこなせる知的な
大人の語彙1000

齋藤 孝

はじめに

この一冊に約一千の語彙！
これからは知的であること、
教養があることが楽しみになる

このところ「大人の語彙力」をテーマにした本を数冊出させていただき、その反響の大きさに驚いています。と同時に、「こんなにも多くの方が、自分には語彙力が不足しているのではないかと不安に感じたり、もっと語彙を増やしたいと思ったりしている」ことに、感銘をを受けています。

というのも、最近はコミュニケーションのなかで「やばい」「すごい」「かわいい」といった言葉が便利に使われ過ぎているような気がするからです。私自身、日々学生と過ごしていて、気がつくと「やばい、やばい」などと言っていることがあります。だからなおさら、一抹の不安を覚えるのです。

「このままでは近い将来、日常用語がせいぜい二十〜五十語くらいですむようになるかもしれない。そうなると人間のコミュニケーションが、ちょっとかわいいワンちゃんが微妙に鳴き声を変えながら感情表現をするのと大差なくなってしまう」と。

人としてそれは、あまりにも寂しいこと。昨今の〝語彙力ブーム〟は、社会全体がそこに気づき、危機感を抱いたことの裏返し、とも言えそうです。

また、多くの方が自分の語彙力を意識するようになった背景には、コミュニケーションが大きく変化してきたことがあります。

いまの時代、会話のかなりの部分が話し言葉から文字—書き言葉に移行しつつあります。ビジネスのあらゆるシーンでメールが活用されているし、家族や友人との日常的なコミュニケーションではＳＮＳを介するのが、半ば当たり前になっていますよね。

振り返れば私が中高生のころ、学校から家に帰ったら、友だちと話すことはほとんどありませんでした。「明日、学校に行けばまた会って話せるんだから、わざわざいま電話することもない」という感じで。

ところがいまの、とくに若い人たちは、寝る直前までＳＮＳで〝文字によるおしゃべり〟をしています。そのおしゃべりに使う言葉の数たるや、直接会ったり、電話したりしてしゃべるより、格段に多いものです。

それはとりもなおさず、〝日本語の膨大な海〟のなかにいるようなもの。そのなかで常に、語彙力が測られていると言ってもいいでしょう。逆に言えば、語彙が貧困だと、きめ細かな感情表現が思うようにできず、意思の疎通がうまくいかなくなる危険すらあるわけです。

もっとも、ＳＮＳに鍛えられた成果と言いますか、みなさん、日本語表現がどんどんうまくなっているように感じています。

たとえば私は、ネットでニュースや商品のコメント欄をたくさん読むのですが、

「この人、コピーライター?」と思うくらい、おもしろい〝発言〟が散見されます。豊富な語彙を持ち、自在に使いこなしている方も大勢いらっしゃるのです。

いまは高いコメント力が必要とされる時代でもあるので、そこに語彙を生かすことも、コミュニケーションの大切な要素になっています。

そういったことから私は、「いまほど、語彙が必要とされ、問われている時代はない」と思っています。だからこそ意識的に語彙を増やすことは、SNSをはじめとする文字によるコミュニケーションツールに生かすうえで意味があるのです。

本書にはその辺を意識して、「**話し言葉・書き言葉に精度の高い日本語を使って、表現力豊かな会話を楽しんでいただきたい**」という思いを込めました。

言葉にはそれぞれ意味があり、一つの世界を描出する力があります。そこをより深く掘り下げていただけるよう、日本語にはどういう歴史があり、どんな特徴を持っているのかを章ごとにまとめてみました。古い言葉、漢熟語、カタカナ語など、日本語がいかに柔軟な言語であるかを再認識していただけると思います。

また、そんな日本語を使いこなしたら、奥深い会話が楽しめることを実感していただきたく、クイズ形式で身につけられる工夫もしています。クイズを解くおもしろさとともに、日本語に関する知性が磨かれる喜びも感じていただけるでしょう。

そうして集めた語彙は、約一千！

実は私、子どものころから、『巨人の星』をはじめとするスポ根ものの影響があってか、「千本ノック」という言葉が大好きでした。それで「**どんなジャンルのワザであれ、習得する際のキーワードは千である**」と信じているところがあるのです。

知的な大人の語彙も同じ。千も身につければ、かなり豊富な言い回しを使いこなせるようになるでしょう。みなさんがすでに知っている言葉も含めて、「こんな言い回しもあったっけ」と思い出したり、「こういうふうに言い換えられるんだな」「この言葉は知らなかったけど、使ってみたい」と新たな気づきを得たりしながら、日本語の奥深さ、豊かさを感じていただければと思います。

自分の心情や置かれている状況を、ぴったりな言葉で表現できたとき、人は知的な喜びを感じるものです。**これからは知的であること、教養があること自体が楽し**

みになる時代。多くの言葉を的確に使いこなせることが、おもしろくないはずはありません。

本書が、使う言葉の一つひとつに「知のきらめき」のある、大人の語彙を身につける一助となることを、心より願っています。

二〇一八年七月
齋藤 孝

大人の語彙1000　目次

第1章
「漢熟語」を使いこなして大人の語彙力をつける

第2章 「季節の言葉」を挨拶に添えて大人の常識力をつける

第3章 『百人一首』の言葉で日本語を自在に楽しむ

第4章

「俳句」「詩」を滑り込ませて知性あふれる会話をする

第5章 「文学」「歌謡曲」で世界を彩り豊かにする

第6章 「慣用句」「名文・名言」で伝える力をつける

第7章

「カタカナ語」でさらに語彙力がつく

装丁　小口翔平＋岩永香穂（tobufune）

第1章

「漢熟語」を使いこなして大人の語彙力をつける

日本語ができる＝漢字が使える

「日本語ができる」あるいは「語彙力がある」というのはイコール、たくさんの漢熟語が使いこなせることです。

たとえば相手の意見に対して、「それはシイテキだよ」と言ったとします。そのときに相手が頭のなかで「シイテキ＝**恣意的**」と漢字変換できれば、「たしかにね、恣意的かもね」などと答えて、コンパクトな会話が成立します。

ところが相手がこの漢熟語を知らなくて、「シイテキって何ですか？」と聞き返された日には、説明しなくてはいけないから大変です。「あのさ、恣意的の『恣』の字は訓読みすると、『ほしいままに』なんだよ。だから恣意は『自分勝手に解釈する』ことを意味するんだよ。ようするに「思いつきで適当なこと、言うなっての！」と、ちょっとイライラさせられます。

つまり漢熟語というのは、「それ、どういう意味？」と聞き返さないですむ程度にたくさん知っていて、ちゃんと操れることが重要なのです。

そんなに難しいことではありません。漢字には一文字一文字、意味があって、それを知っていれば、「この漢字がくっついているのは、だいたいこういう意味だよね」と想像がつきますよね？　それが漢字の良いところ。その気になれば、語彙をどんどん増やしていくことが可能なのです。

漢字一字を示されたら、どれだけ多くの漢熟語をつくれるか。漢字の語彙力はそこに集約されます。

そこでまず、小手調べに問題を一つ。

Q

「信」のつく漢熟語を思いつく限り、あげてください。

ヒント　「信ずる」の意味は言うまでもなく、何かを正しいと思うこと。「○○を信じる」「信じて○○する」ことから連想できます。ほかに「たより」「しるし」という意味もあります。

A

信用、信頼、自信、確信、信心、信仰、信条、音信、返信、信号、信任、信念、信託、信徒、信義、信憑、信賞必罰、威信、来信、通信、外信、花信、過信、電信、狂信、敬信、軽信、私信、所信表明、送信、受信、送受信、俗信、短信、着信、忠信、発信、不信、与信　などなど

どうですか、何個くらいあげられましたか。もし五個くらいで「えーと、えーと」と詰まるようであれば、まったくもって語彙不足。少なくとも十五や二十あげられなければ、「漢字を使いこなしている」とは言えません。

でも右にあげた言葉を見れば、「そうだ、そうだ、あれがあった」と思い出すものも多いのではないでしょうか。知らなかったとしても、くっついている漢字を合わせて、だいたいの意味がわかると思います。

「信」だけではなく「観」の字だって、**主観**、**客観**、**大局観**、**観察**、**観念**、**傍観**など、たくさんの熟語があります。また「観」が「よくよく見る」を意味することから、「見」の字と区別して使うこともできます。

このように、漢字を一字知っていると、語彙のバリエーションが格段に広がっていくのです。

漢熟語はおもに、新聞や雑誌、書籍に出てくる「活字の日本語」。日本語の一番大きな「語彙の海」です。話し言葉の日本語しか知らないと、日本語全体の一割以下しか使えません。活字の日本語をどれだけ身につけて使いこなすか、そこに日本語の醍醐味があります。以下、大学受験によく出る漢字を中心にチョイスしました。

感動したとき

Q

空欄を埋めてください。

「故郷を後にして二十年。クラス会で地元の友だちに会い、□□深いものがあったよ」

ヒント この漢熟語を使って「□□一入だった」と言い換えられます。

A

感慨深い

「感じる」「感ずる」は、「何かに触れて、心が動く」ことを意味します。もちろん「感」のつく熟語はたくさんあります。もっともポピュラーなのが「感動」でしょう。

ちょっと古い話になりますが、二〇〇一年の大相撲夏場所で貴乃花がケガに苦しみながらも優勝を果たしたとき、トロフィーを渡した小泉純一郎首相（当時）が「感動した」と言った、あのストレートな一言は力強く響きました。

ただ、いつも「感動した」では語彙不足が否めません。同じようなことを意味する幾通りもの言葉を覚え、場面に応じて使い分けましょう。

たとえば右の「感慨」は、しみじみとした思いになること。「**感慨深い**」「**感**

慨も一入（ひとしお）」などと表現します。「一入」とは、染め物を染め汁に一回浸すこと。そこから「いっそう」を意味します。「感動一入」「感激一入」とセットで使います。

また感動の余り、さまざまな感慨が錯綜してこみ上げてくるようなときには、「彼がこれまで大変な苦労をしてきたことを知っているだけに、今日の晴れ姿には**万感迫る思いがする**」とか「**感無量だ**」というふうに表現するのもいいですね。

「万感」を使ったものには、「**万感こもごも到る**」という言い回しもあります。これは、さまざまな思いが次から次へと沸き起こることを表わしたもの。たとえば「彼と別れることになり、万感こもごも到る」というふうに使います。

ほかにも、いろんな言い方があります。いくつかクイズにしてみましょう。

Q

空欄に当てはまる語を入れてください。

①オリンピックでの日本人選手の活躍は、人々に□□を与えた。
②披露宴で花嫁の父が□□まって泣き出した。
③ゴッホの絵を見て、思わず□□の声をあげてしまった。

ヒント すべて「感」の字が入ります。

A

①感銘　②感極まって　③感嘆

「**感銘**」は、忘れられないくらい、深く感動すること。「感銘を受ける」「感銘を与える」というふうに使います。

「銘」の字は「心に深く刻んで忘れない」ことを意味し、熟語には「**銘文**」（金や石に刻み込んだ文）「**座右の銘**」（身近に備えて戒めとする言葉）などがあります。

ちなみに「銘」には、「すぐれた、上等な」という意味もあり、「**銘茶**」「**銘木**」「**銘酒**」などの漢熟語としてよく使われます。あわせて、覚えておきましょう。

「**感極まる**」は、「感激の度合いが極限まで達する」ということですから、後に「泣く」とか「涙を流す」などの言葉を続けることが多いですね。深く感動するときはまた、「**感に堪えない**」「**感じ入る**」などの言い回しも使いこなしたいところです。

「**感嘆**」はこの場合、感心の度合いが高いこと。みなさんがメールなどでよく使う「！」が「**感嘆符**」と呼ばれるゆえんです。

「感嘆」にはほかに、「嘆き悲しむ」という意味もあります。「嘆」のかわりに、同じく「なげく」と読む「歎」の字が当てられることもあります。

がんばるとき

「がんばります」「がんばってね」「がんばろう」……私たちはしょっちゅう、「がんばる」という言葉を使います。でももうちょっと、語彙が欲しいですよね？

Q

がんばる気持ちを伝える次の言い回しを完成させてください。

①ここからが正念場。気を□□□いきましょう。

②もっと気を□いて、威勢の良いところを見せてよ。

③困難が待ち受けているが、くじけない□□をもってやり抜いてくれ。

ヒント 「気」は出し入れできます。

A

①気を入れて　②気を吐（は）　③気概（きがい）

「がんばる」とはまさに、心が「**気**」で満たされていて、その蓄えられた「気」を吐き出すことです。

つまり事に臨むときには「気」もしくは「**気合**」を入れ、取りかかる瞬間から「気」を吐く、それが「がんばる」ということなのです。

また「**気概**」は、強い心意気のこと。「不退転（ふたいてん）の気概をもってやり遂げよう！」など、困難にくじけない強固な決意を表わすときに使えます。

あと、最近はあまり使われませんが、「**気張（きば）る**」は使い勝手がいい言葉です。「がんばる」と言いたいとき、五回に一回くらい、ここぞのときに使ってみてください。「よし、気張っていこう！」とか「ここは気張りどころだね」、あるいはちょっと冗談めかして京都弁を真似て「お気張りやす」というふうに。「がんばります」より「気張る」のほうが、力が入っている感じ。意気込みが強く表現される分、自分自身を含めてみんなのがんばる気持ちが増強されます。

また「努力する」「苦労する」「踏ん張る」などの意味合いを強めた表現もあります。どのくらい〝言い換え〟ができるか、問題を解いてみてください。

Q

空欄に当てはまる語を入れてください。

①誰にも協力してもらわず、孤軍□□して仕事を成し遂げた。
②このプロジェクトは彼の獅子□□の活躍のおかげでうまくいった。
③開発チームが□□勉励して画期的な新技術を開発した。
④世のため人のため、粉□砕□して事に当たります。

ヒント ①②は「ふるう」と訓読みする漢字が入ります。③は「心身を苦しめる」こと、④は「身を投じる」ことを意味します。

A

①**孤軍奮闘** ②**獅子奮迅**
③**刻苦** ④**粉骨砕身**

仕事ではたまに、誰からも力を貸してもらえずに、一人でがんばらざるをえないときがありますよね？ そんなときが「**孤軍奮闘**」。多くの場合、圧倒的に不利な状況のなかで、何とかしようと奮い立ってがんばる人への褒め言葉として使われます。「孤軍」の類語には、「**孤立無援**」とか「**四面楚歌**」などがあります。困難が山積しているときなどに、「もう四面楚歌状態。八方塞がりで、手の打ちようもない」というふうに使えます。

「**獅子奮迅**」は「獅子が奮い立ったような勢い」ですから、これ以上ないというくらい激しい勢いを意味します。ここまでくれば、がんばりも極まれり、ですね。

「刻苦勉励」は「刻苦精励」とも言い、全力を尽くすこと。「粉骨砕身」も同じ。**「身を削る」「骨身を惜しまず」「精魂傾ける」「誠心誠意」**などとあわせて覚えましょう。

「気」を使うとき

日本人は元来、「気」を養うことを大切にしてきました。「気」は目に見えないエネルギーのようなもの。たとえば私たちが挨拶がわりによく使う「元気」という言葉は、さまざまな活動の源となる気力を意味します。

Q

空欄に当てはまる語を入れてください。

①締め切りまで時間がない。一気□□に仕上げよう。

②あの展覧会には、新進□□の芸術家の作品が集められている。

③あるパーティで憧れの人物と気□を通ずることができたよ。

ヒント 「気」には勢いや流れがあります。

A

①一気呵成（いっきかせい）　②新進気鋭（しんしんきえい）　③気脈（きみゃく）

急ぎの仕事があるときなど、「よし、一気に仕上げよう」よりも、「**一気呵成**に仕上げよう」と言ったほうが、自分を含めてその仕事に関わるみんなに勢いが出ます。

また上司から指示されたときも、「わかりました。一気呵成に仕上げます」と言うと、こちらの本気がより強く伝わるでしょう。

この「一気呵成」の「一気」は「ひと息」、「呵成」は「筆に息を吹きかけて温めてから詩文を書いて完成させる」ことを意味します。

「気鋭」は気力にあふれた有能な人や、シャープな頭脳の持ち主を形容するのに、もってこいの表現です。「**新進気鋭**」という四字熟語とあわせて使いましょう。

「鋭」のつく熟語にはまた、「**精鋭**（優れている）」「**鋭敏**（頭の働きや感覚が鋭い）」「**鋭意**（集中して懸命に）」などがあります。それぞれ、

「今回のプロジェクトは精鋭揃いだ。成果に期待したい」

「彼の仕事ぶりを見ていると、いかに鋭敏な頭脳の持ち主かがよくわかるよ」

「今回の仕事を通して会社に貢献できるよう、鋭意努力してまいります」

といった使い方をします。

「**気脈を通ずる**」は慣用句として覚えておきたいところです。「気脈」はいわば「血液の通う筋道」。単なるつき合いにはない強さを感じさせる言葉です。互いの気持ちがより強くつながっていることを表現したいときに使うといいでしょう。

このほか、「気」のつく漢熟語や言い回しは、数え切れないくらいあります。表現として覚えておくと便利なものを以下に列挙しておきましょう。

・お礼の金品などを渡すとき――「わずかですが、**気は心**と思ってお納めください」

・不機嫌な人に――「何か**気に障る**（さわ）ことがあったら、おっしゃってください」

・やる気満々な人に――「**気力が漲って**（みなぎ）ますね」

・話が盛り上がったとき――「昨日の飲み会は、みんなで大いに**気炎**（きえん）**を吐いた**よ」

・ビビったとき――「彼の存在感たるや、顔を合わせただけで**気を呑まれる**ようだ」

・注意を促すとき――「こういう情報が欲しいので、**気に留めて**おいてください」

・やる気に水が差されたとき――「そんな悲観的なことばかり言われたら、**気勢**（きせい）**を削**（そ）**がれる**じゃあないか」

・心配している人に――「何かと**気を揉む**こともあるでしょうけど……」

・緊張している人に――「肩の力を抜いて、**気を緩める**といいよ」

これらはほんの一例。会話に勢いをつけたり、心持ちの微妙なニュアンスを伝えたりするのに便利な言葉がたくさんあります。最近は「気」に対する意識が薄れてきたようですが、使う価値大。「気の復権」を目指しましょう。

お礼を言うとき

仕事でも日常でも、私たちは始終、誰かの力を借りて暮らしています。それだけお礼の言葉を言う機会が多いということです。

会話ならだいたい、「ありがとうございます」で間に合いますが、メールや手紙では感謝の思いの大きさや深さを表わしたいものです。

Q

空欄を埋めて、感謝の言葉をつくってください。

①大変□□ですが、この件についてもお願いできますか？

②そこまでやっていただけるとは恐□至□に存じます。

③あんなに贅沢（ぜいたく）な食事をご馳走（ちそう）になり、□□に余ります。

ヒント ①は申し訳ない気持ち、②は時代劇などでよく使われる言い回し
③は仏教に由来する言葉

A

①恐縮(きょうしゅく) ②恐悦至極(きょうえつしごく) ③冥加(みょうが)

「**恐縮です**」という言い回しは、みなさんもよく使うのではないかと思います。頼み事をするときに、相手に面倒をかけることに感謝して言い添えるといいですね。また通り一遍ではない対応をしてもらったとき、「恐縮してしまいます」と言えば、身が縮まるほどに恐れ入っている気持ちを表現できます。

「**恐悦至極**」はやや時代がかった言い回しですが、大変お世話になったことを喜ぶ気持ちを強調して伝えることができます。とくに目上の人に使うのが望ましいと思います。ほかに喜びを表わすときに「**快哉(かいさい)を叫ぶ**」という言い回しもあります。

「**冥加に余る**」という表現は、少々難しかったでしょうか。でも単に「ごちそうさまでした」とお礼を言うより、過分なもてなしに対するありがたさが滲み出る、いい表現だと思います。

「冥加」は神仏の加護を表わす言葉。この「冥」を使った熟語「**冥利**（みょうり）」は、神仏が知らず知らずのうちに与えてくれる恩恵のこと。「こんな大事な開発に携われて、技術者冥利に尽きます」というふうに「**冥利に尽きる**」という慣用句として使えます。

また「感謝」の「謝」のつく熟語には、「**多謝**（たしゃ）」「**深謝**（しんしゃ）」「**万謝**（ばんしゃ）」などがあります。いずれも深い感謝の気持ちを表わすもの。たまにはメールなどに「先般のお力添えに深謝いたします」などと書いてみるのもいいでしょう。

悔い改めるとき

Q

空欄に漢字を当てはめ、次の二つの文章を完成させてください。

・こんなミスをするなんて①□□ない。今後は同じミスを二度と繰り返さないように注意するよ。「②汚名□□、名誉□□」の気概をもって。

・この仕事を断念することになって、③□□に堪えない。④□重来を期して、また新たな気持ちでがんばりたい。

ヒント　恥ずかしく思う気持ちがあるからこそ巻き返しが可能になるのです。

A

①面目（めんぼく）　②汚名返上（おめいへんじょう）、名誉挽回
③慚愧（ざんき）　④捲土重来（けんどちょうらい）

ミスをすると、とても恥ずかしい思いをします。みんなに合わせる顔がありませんよね。それを「**面目ない**」「**面目次第もない**」「**面目丸つぶれ**」などと言います。

しかし、ミスしてしまったものはしょうがない。潔く認めて「申し訳ありませんでした」と謝罪なりしたうえで、今後に向けての決意表明をすればよろしい。つまり「**汚名返上、名誉挽回**」――汚名をそそぎ、信頼を取り戻すことが大事なのです。くれぐれも間違って「汚名挽回」と言わないように。挽回すべきは名誉です。

逆に、ミスをしておいて反省せず、弁解めいた物言いや負け惜しみを言うのは、もっと恥ずかしいこと。「**恥の上塗り（うわぬり）**」になります。

二つ目の文章はやや難しいと思いますが、ただ「恥ずかしく思います」より「**慚愧に堪えません**」と言ったほうが、自分の行いを重く受け止めている気持ちをより強く表現できます。使えると、かっこいいですしね。

また「**捲土重来**」は、土煙を巻き上げるほどの勢いで、巻き返しを図ることを意味します。「捲土重来を期する」と言うと、相当な決意をもって物事に取り組むことが伝わるでしょう。これも使いこなせるとかっこいい四字熟語です。

笑うとき

Q

次の言葉はすべて、「笑い」に関するものです。空欄に漢字を入れてください。

①取引成立の朗報に上司は□□一笑した。

②いつも気難しい顔の先生が、母校の活躍に□□を崩して喜んだ。

ヒント どちらも表情をほころばせて笑うことを意味します。

A

①破顔一笑　②相好

「笑う」という所作一つにも、さまざま複雑な心情が映されます。たとえばうれしいことがあると、思わずいつもの表情が崩れ、顔がくしゃっとしますよね。それを「**破顔一笑**」「**相好を崩す**」と表現します。ただ「笑った」と言うより、笑わずにはいられない感じ。「**笑みがこぼれる**」「**目許がゆるむ・ほころぶ**」などもいいですね。

ほかにも、相手の心証を良くするためにするのが「**愛想笑い**」「**追従笑い**」「**つくり笑い**」、恥ずかしさや悲しさを抑えてするのが「**照れ笑い**」「**泣き笑い**」「**苦笑い**」、相手を軽蔑する気持ちを含ませてするのが「**嘲笑**」「**冷笑**」、人知れずするのが「**忍び笑い**」「**思い出し笑い**」「**含み笑い**」、豪快にするのが

「**大笑い**」「**豪傑笑い**（ごうけつ）」「**馬鹿笑い**」、かすかにするのが「**微笑**」「**微笑みがこぼれる**（ほほえ）」などなど。このくらいの語彙が使いこなせれば、笑いの世界がぐっと豊かになります。

たとえば「何だよ、その含み笑いは。気になるなぁ」とか「ちっともおもしろいと思ってないくせに。愛想笑いだって、バレバレだよ」「君のミスの多さには、怒りを通り越して苦笑いするしかないよ」などと使ってみてくださいね。

胸の内を打ち明けるとき

Q

次の文章の空欄をうめてください。

①日ごろの胸に溜めていた不満を□□した。

②昔のことを聞かれて、彼女はしみじみと□□した。

ヒント ①は「あらわ」、②は「なつかしむ」と訓読みする漢字が入ります。

A

①**吐露**（とろ）　②**述懐**（じゅっかい）

「**吐露**」の「吐」は「はく」、「露」は「あらわ」と訓読みします。この二字で「心のなかで思っていることを洗いざらい、言葉にして吐き出す」ことを意味します。

「露」のつく熟語に「**暴露**（ばくろ）」「**発露**（はつろ）」「**露骨**（ろこつ）」「**露呈**（ろてい）」などがあります。いずれもおもに悪事とか、良からぬ考えを白日のもとにさらすという意味合いで使われます。

「**述懐**」は読んで字のごとし、懐かしむように昔の思い出をしみじみと述べること。単に心のなかの思いを話すときにも使われます。何となく含蓄のある話が聞けそうな印象ですよね。

昨今は「ぶっちゃけ」という言葉がよく使われますが、ちょっと品に欠けます。

とくに目上の人には、「吐露」「述懐」に加えて、「**率直に言って**」「**本音を言えば**」「**ありていに言えば**」「**ざっくばらんに言うと**」「**包み隠さず言うと**」「**単刀直入に言うと**」などの言い回しも覚えておくといいでしょう。

注意を促すとき

危険を察知したり、ミスしてはならないとき、たるんでいるときなどに「よく注意しなさい」「気をつけなさい」というふうに注意を促します。このひと言が流されないよう、強調して言う場面では表現に工夫が必要です。

Q

次の文章の空欄に熟語を入れてください。

①社会に□□を鳴らすために、環境破壊の実態を伝えるビデオを制作した。

②そこで失敗する人が多いから、□□の注意を払いなさい。

③いまは順調でも□□は禁物。注意を□□しておこう。

ヒント ①はサイレンを比喩的に表現したもの　②は「こまかいところまで」の意　③は「気を緩めず引き締めよ」の意

A

①警鐘（けいしょう）　②細心（さいしん）　③油断（ゆだん）、喚起（かんき）

「**警鐘**」とは、もともとは「危険を知らせるために鳴らす鐘」のこと。比喩的に注意を促すときに使います。とりわけ危険が大きいときは「**警鐘を乱打（らんだ）する**」という表現もあります。同じく「いましめる」を意味する「警」の字のつく熟語を使った言い回しとして、「**警告を発する**」も覚えておきましょう。

「**細心**」は「注意」とセットで使いたい言葉。よくよく注意して欲しいときに、便利に使えます。

　もっとも注意が必要なのは、万事うまくいって油断しているときでしょう。「**油断**」は仏教の言葉。ある王様が家来に油の容器を持たせ、それをひっくり返すと

罰として命を断ったことに由来します。

あわせて「**油断大敵**（たいてき）」「**油断は怪我の基**」「**油断も隙**（すき）**もない**」などの言葉も使えるといいですね。

「**喚起**」は訓読みするとわかるように「よびおこす」こと。「起」のつく熟語には「**想起**（そうき）（思い起こす）」があります。「苦しかった時代を想起し、気を引き締めなさい」というふうに使えます。

また「注意」に似た言葉に「**留意**（りゅうい）」があります。「注意」はある一つのことに神経を集中させることで、「留意」は「心に留めて、常に気をつける」こと。比較的長い期間、気をつけなくてはいけないことに使います。「もう若くはないのだから、くれぐれも健康に留意してくださいね」といった具合に。

四字熟語で会話の「格」をアップ

会話のなかで四字熟語を多用すると、ともすればイヤミになりがち。「理屈っぽい人だなぁ」などと思われる場合が少なくないかもしれません。

しかし「ときどき使う」分には、知性が感じられて、非常に良いものです。人間としての「格」を上げる効果も期待できます。

おもしろいのは、四字熟語のなかには出典があるもの、つまりその言葉が生まれた背景に歴史のエピソードが潜んでいる言葉がけっこうあること。相手が知らない場合も、会話のネタにすることができます。うるさがられない程度に、たまにそのウンチクを披露するのもいいでしょう。

たとえば「**臥薪嘗胆**（がしんしょうたん）」。「苦労に苦労を重ねて、目的を達成する」ことを意味します。これは「苦節○年」とか「失敗にもめげずに試行錯誤（しこうさくご）を続けること○年」などと言いたいときに使えると、ちょっとかっこいいですよね。「臥薪嘗胆、あきらめずにやり抜こう」などと号令をかけるのもよいかと思います。

この言葉は中国・春秋時代の故事に由来すると伝えられています。呉の王様・夫差（ふさ）が父の仇を討つに当たり、復讐心をかきたてるために、薪の上で寝るという苦しみを自らに課しました。これが「臥薪」。

結果、夫差はついに目的を達したのですが、彼に敗れた仇の句践（こうせん）が今度は、その恥を忘れまいと苦い胆をなめ、苦心の末に夫差を滅ぼしたのでした。これが「嘗胆」。

いずれも大変な苦労の末に勝利を得たことがわかります。

Q

次の話に出てくる四字熟語は出典のあるものです。空欄を埋めてください。

①昔の知識だからって、バカにしたものでもないよ。いまの時代に生かせる新しい情報、考え方が得られるさ。「□□□□」の精神でいこう。

②競争に明け暮れた会社員人生を終え、□鏡□□の心境に至ったよ。

③上司はくるくると方針を変えるから困る。□□□□の人なんだよね。

ヒント 出典は①が『論語』、②が『荘子』、③が『漢書』です。

A

①温故知新　②明鏡止水
③朝令暮改

「**温故知新**」はあまりにも有名な言葉。古い時代の教えや歴史に学ぶことの大切さを意味します。

論語にはほかにも「使える四字熟語」がたくさんあります。たとえば「**巧言令色、鮮し仁**」（口先でうまいことを言ったり、人に気に入られようと愛想良くしたりする人は信用できない）とか、「**克己復礼**（欲望を抑えて、社会の規範に沿って礼儀正しくふるまう）」「**剛毅木訥、仁に近し**」（心が強く、無骨なくらい無口な人は仁徳者と言っていい）などがあります。

「うちの上司は上の顔色ばかりうかがって、おべっか使いもいいとこ。部下の気持

ちをちっとも汲んでくれない。だから『巧言令色、鮮し仁』で、人望はないよね」

「いい年をして、自分が儲かることばかり考えてガツガツするのはみっともない。克己復礼で、もうちょっと品のあるふるまいを心がけようよ」

「彼はぶっきらぼうに見えて、とてもやさしいところがある。孔子の言う『剛毅木訥、仁に近し』って、ああいう人を言うんだね」

　というふうに使います。


「**明鏡止水**」は、何ら邪念がなく、静かに落ち着いた心の状態を表わします。漢字からもすがすがしい印象を受ける言葉ですね。『荘子・徳充符』にある次のくだりが出典とされています。

「人は流水に鑑みること莫く、止水に鑑みる。……鑑明らかなるは則ち塵垢止まらざればなり」――「人は流れる水を鏡とせず、止まっている水を鏡とする。流水はそこに塵やゴミを留めていないから、一点の曇りもない鏡のように物事がはっきりと見える」というような意味です。


「**朝令暮改**」は『漢書・食貨志上』にある「賦斂時ならず、朝に令して暮に改む」

という言葉が出典です。租税の割り当てと取り立てに関して、「朝出した命令を夕方には変える」とあることから、命令がくるくる変わることを意味します。経営者のなかには、この言葉を逆手に取って、「私は朝令暮改でね、状況を見ながら柔軟に方針を変えるんだよ」などとうそぶく人もいますね。

このほか、おもしろい出典のある四字熟語を三つほど、用法を引きながら、あげておきましょう。

・「君のレポートは全体としてよくまとまっているが、ポイントがぼやけているね。**画龍点睛を欠く**で、再考の余地があると思うよ」

この言葉は、「南朝・梁の時代（六世紀）、張僧繇という絵師が寺の壁に竜の絵を描いたが、瞳に筆を入れなかった。竜が飛び去るからというのがその理由。しかし人々が信じないので、ならばと瞳を描き入れたら、竜はたちまちにして天に昇った」という故事に基づくものです。ちょっとおもしろい話ですよね。

・「いつもはライバルとして鎬を削っているが、この困難を前には敵も味方もない。**呉越同舟**で力を合わせていこう」

これは中国の春秋時代、紀元前のお話。宿敵だった呉と越の者がたまたま同じ舟に乗り合わせたが、暴風に襲われて舟が転覆しそうになると、互いが助け合った、という故事に由来します。ふだんは「敵同志」というのがポイントです。

・「いまは才気走った行動は控えるべき。**和光同塵**（わこうどうじん）でみんなと歩調を合わせよう」

これは『老子・四』にある「其（そ）の光を和らげ、其の塵に同ず」が出典。才知をひけらかすような行動は、あまり美しいものではありません。スタンドプレーをしがちな人は、市井（しせい）の塵となって生きてゆく境地を見出すことも大切でしょう。

漢数字を使った四字熟語

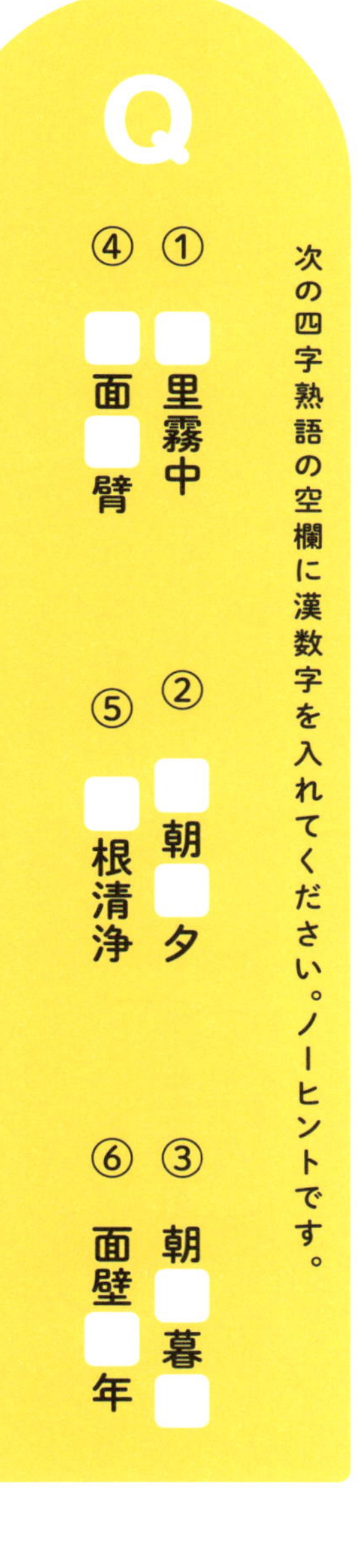

A

①五　②一、一　③三、四　④八、六
⑤六　⑥九

「**五里霧中**」の出典である『後漢書』の時代の中国では一里が約四百メートル。張戒なる人が道術で五里霧を起こして、人を惑わせたという故事が伝えられています。五里四方、つまり二キロメートル四方に霧が立ちこめていたら、何も見えませんよね。そこからいまの状況や自分の考えがまったくつかめないことを意味します。「五里夢中」ではありません。

「**一朝一夕**（いっちょういっせき）」は文字通り、ひと朝かひと晩の短い時日を意味します。「難問山積で、一朝一夕に現状を改善できない」などと使います。

「一」は漢数字のつく四字熟語のなかでも、もっとも多いものです。速やかに思い切った処置をとることは「**一刀両断**」、めったに起こらないことは「**千載一遇**」、何事にも自分がひと言言わないと気がすまない人は「**一言居士**」、運命をともにすることは「**一蓮托生**」、命がけの大勝負をするときは「**乾坤一擲**」、聞きかじりでものを言うことは「**一知半解**」、目の前のできごとに喜んだり心配したりすることは「**一喜一憂**」といった具合です。

「**朝三暮四**」は、目先の違いにこだわり、同じ結果になることに気づかないこと。「猿がトチの実を朝に三つ、夕方に四つ与えられて怒り、朝に四つ、夕方に三つにしたら大喜びした」という春秋時代の故事が出典です。

こういうことって、けっこうありますよね。たとえば「三割引のセールにひかれて、割引分と同じくらいの交通費をかけて買い物に行く」とか、「自社製品を大量購入してくれたものの、大幅な割引をさせられるハメになって、収支はとんとんだった」とか。目先のうまみに惑わされると、ろくなことになりません。

「**八面六臂**」の文字通りの意味は、八つの顔と六つの腕を持つ仏像。転じて、一人で数人分の働きをすることを意味します。「**八面六臂の大活躍**」という形で使うといいでしょう。「**三面六臂**（さんめんろっぴ）」と言うこともあります。

「**六根清浄**（ろっこんしょうじょう）」は仏教の言葉。欲望や迷いを断ち切り、心身を清らかに保つこと。「六根」は目・耳・鼻・舌・身・意の六つの感覚器官を意味します。「彼女は六根清浄というか、本当に心の清らかな人だね」「あのお寺には何とも言えない、六根清浄の霊気があって、心が洗われる」というふうに使います。

「**面壁九年**（めんぺきくねん）」は「**九年面壁**（くねんめんぺき）」とも言い、「達磨（だるま）大師が壁に向かって九年間坐禅を組み、ついに悟りを開いた」という故事に由来します。目標に向かってストイックに勉学や仕事に励み成功したことを表わします。

このように、漢数字のつく熟語はどれもテンポがよく、状況を的確に表わせる言葉。会話に取り入れることをお勧めします。

第2章

「季節の言葉」を挨拶に添えて大人の常識力をつける

天候の話題で、多彩な表現力を身につける

私たちは挨拶がわりに、あるいは会話のとっかかりとして、よく天候のことを話題にします。「いいお天気ですね」「暑いですね」「寒いですね」「雨が降りそうですね」「台風が近づいているようですよ」「春めいてきましたね」などなど。

ただ今日の天気や季節の訪れをそのまま直接的に言うのでは、ちょっと能がない感じがします。日本語にはせっかく、季節感に情趣（じょうしゅ）を添える豊かな表現がたくさんあるのですから、使わない手はありません。

そもそも日本には、季節の移ろう自然に自分自身の人生を重ね合わせてきた伝統があります。たとえば桜が散る様を見て、散り際の潔さに思いを致したり、時が過ぎゆくことにしみじみとしたり。あるいは晴れた日は気分まで晴れ晴れとし、同じ森に入っても気分によって鬱蒼（うっそう）とした森にも、すがすがしい森にもなります。

言い換えればそれは、天地の大きな情感のなかに私たちの感情・気分もある、ということ。哲学者の大森荘蔵さんが「**天地有情**（てんちうじょう）」とおっしゃっているように、日

本人は無意識のうちに「人間は自然と一心同体である」と考えるところがあるのです。

世界中に四季はあるけれど、季節感と馴染んだ言葉の豊かさは日本語にしかないものと言えるのではないでしょうか。移ろいゆく季節を慈しみながら、情趣ある表現を大切にしていきましょう。

時候の挨拶に「二十四節気」を盛り込む

季節を表わす言葉に「二十四節気」があります。これは中国伝来のもの。一年を太陽の動きに合わせて二十四の「気」に分け、それぞれに名称を与えています。

Q

三月六日ごろを「二十四節気」で何という？　次の三つから選んでください。

①雨水（うすい）　②清明（せいめい）　③啓蟄（けいちつ）

ヒント　冬ごもりしていた虫が穴から出てくる日です。

A

③啓蟄

近代俳句ではとくに高浜虚子以降、「**啓蟄**」という言葉が季語としてよく用いられるようになりました。川端茅舎（ぼうしゃ）という俳人に、

「**啓蟄を啣（くわ）へて雀飛びにけり**」

なる句があります。「虫が地上に這い出してきたところを雀がくわえて飛んでいった」、その情景に春の訪れが感じられます。

また「啓」は訓読みすると「ひらく」。『論語』にある、

「**憤（ふん）せずんば啓（けい）せず、悱（ひ）せずんば発（はっ）せず**」

に出てくる「啓」の字です。この言葉は「学ぼうとする気持ちにない者には教え

ない」という意味です。

「知識をひらいて、理解を深める」を意味する「**啓発**（けいはつ）」は、この論語の言葉から生まれました。「無知な人を教え導く」ことを表わす「**啓蒙**（けいもう）」という漢熟語もあります。

そういった豆知識を取り入れながら、「今日は啓蟄ですね。啓蟄というのはね……」と話し始めると、時候の挨拶がぐんと知的になります。

春の二十四節気のなかで、二月四日ごろの「**立春**（りっしゅん）」や、三月二十一日ごろの「**春分**（しゅんぶん）」はよくご存じでしょう。この時期はちょっと意識して、

「明日は雪が降るって予報ですね。今日は**立春**ですが、まだまだ寒くて、気分的には春は遠いかな、という感じです」とか、

「だんだん日が長くなってきましたね。じきに**春分**の日ですよ。桜のつぼみもそろそろ、膨らみそうで、気分が上がりますね」

といったことを会話に組み込むといいでしょう。

春の「二十四節気」には、ほかに四月五日ごろの「**清明**」、四月二十日ごろの

「**穀雨**（こくう）」があります。

「清明」は漢字から、さわやかさを感じますね。時節的にすがすがしい南東の風が吹くことから、この名がついたそうです。「清明の時期だけに、みんなの顔つきも明るく見えます。大事なイベントを前に、清明の気がみなぎるようです」などと使うと、ちょっといい感じですよね。

「穀雨」は「穀」の字があることからわかるように、春の雨がいろんな穀物を潤すことを意味します。そろそろ春が終わるこの時節は、穀物の種をまいたり、苗を育てたりするのに雨が必要。雨模様の空を眺めながら、「雨降りでうっとうしいけど、今日は穀雨の日だし、まさに恵みの雨ですね」と言ってみてはいかがでしょうか。

春雨はしとしとと静かに降る細かい雨。行友李風（ゆきともりふう）作の新国劇『月形半平太』に、主人公が舞子に傘をさしかけて「**春雨じゃ、濡れて行こう**」と言う、あの台詞は有名です。その気取った言い回しを真似て、傘なしで小雨のなかを歩くときに言うのも、昔っぽいけどちょっとしゃれてますね。

夏の暑さ

夏の一番の話題は「暑さ」でしょう。人と顔を合わせれば、まず「暑いですね」の類いの言葉から会話が始まるものです。

とはいえ一口に「暑い」と言っても、いろんな表現があります。「**うだるように暑い**」「**じりじりと焼かれるように暑い**」「**蒸し暑い**」「**寝苦しいくらい暑い**」などなど。また夏の厳しい暑さを表わすのに、「**炎暑**（えんしょ）」「**酷暑**（こくしょ）」「**極暑**（ごくしょ）」等の熟語も使われます。

それはそれとして、「二十四節気」を見てみましょう。

Q

六月六日ごろを「二十四節気」で何という？　次の三つから選んでください。

①立夏（りっか）　②芒種（ぼうしゅ）　③小満（しょうまん）

ヒント　農業に関係する言葉です。

A ②芒種

「**立夏**」は文字通り、夏の始まり。五月六日ごろです。たしかにゴールデンウィークの時期は、「もう半袖でいいな」と思うくらい暑いものです。そんなときに「もう立夏なんだよね。今日は汗ばむ感じで、夏の到来を感じるよ」などと挨拶すると、単に「暑いなぁ」と言うより情緒があります。

六月六日ごろは「**芒種**」。「芒」の字は「のぎ」と読み、稲や麦などの先端の細い毛を意味します。「穂先」とも言いますね。この時期、麦の刈り入れや稲の根付けを行います。この呼び名を知っている人は少ないので、「今日は芒種といってね、『芒』は穂先のことなんだよ」などとウンチクを披露してはどうでしょうか。

夏の「二十四節気」にはほかに、五月二十一日ごろの「**小満**」、六月二十一日ごろの「**夏至**（げし）」、七月七日ごろの「**小暑**（しょうしょ）」、七月二十三日ごろの「**大暑**（たいしょ）」があります。

このなかで「小満」は聞き慣れない呼称かもしれませんね。気候的には初夏。麦の収穫期に当たります。「今日は小満だね。何となくゴッホの描いた『カラスのいる麦畑』を連想しちゃうよ」なんて言うと、ちょっと知的な感じがします。

秋の情緒

Q

十月八日ごろを「二十四節気」で何という？　次の三つから選んでください。

①霜降（そうこう）　②寒露（かんろ）　③白露（はくろ）

ヒント　同音異義語に「おいしい」を表わす言葉があります。

A

②寒露

「おいしい」のほうは、飴の名にある「甘露」。
「二十四節気」は「**寒露**」です。「露」の字に、
そろそろ寒くなる季節の情緒を感じますよね。

同じく「露」の字がつくものに「**白露**」があります。九月七日ごろ。昼間はまだまだ暑いけれど、さすがに夜は冷えてきます。そのために大気中の水蒸気が露となって、草葉につく、そんな季節です。挨拶がわりに「白露の時節ですねぇ。今朝は庭の木の葉が朝露で濡れてましたよ」などと言うと、会話に情緒が添えられます。

秋の「二十四節気」にはほかに、秋の始まりの「**立秋**」（八月八日）、残暑の時期を表わす「**処暑**（しょしょ）」（八月二十三日ごろ）、昼夜の長さが同じになる「**秋分**」（九月

二十三日ごろ）、霜が降りるくらいの寒さを彷彿とする「**霜降**」（十月二十三日）があります。いずれも暑さが過ぎ、寒さがまさってくる季節の情緒が出た言葉です。

「夕べは寒かったですね。朝、霜が降りてました。霜降とはよく言ったものです」

「残暑は厳しいけれど、もう処暑ですからね。そろそろ涼しくなるでしょう」

というふうに、時節の挨拶に上手に組み入れてみるといいでしょう。

冬の寒さ

Q

十一月二十三日ごろを「二十四節気」で何という？　次の三つから選んでください。

①小雪（しょうせつ）　②小寒（しょうかん）　③大雪（たいせつ）

ヒント　初冬の候、山岳部を除いて雪にはまだちょっと早い時節です。

A

①小雪

「**小雪**」の時節には、時折、暖かな日がありま す。それを「**小春日和**」と言います。「春の ように暖かい」という意味で、本当の春には使いませんので、注意してください。「小春」はほのぼのとした温もりを感じさせる言葉です。

「**父を恋ふ　心小春の　日に似たる**」

という高浜虚子の俳句を引きながら、「今日は小雪。何となく寒そうなイメージだけど、暖かいよね。心もほかほかして高浜虚子の一句を思い出すよ。父を恋ふ心小春の日に似たる、ってね」などと言ってみると、知性と情感が感じられます。

また「**大雪**」（十二月八日）になると、冬本番という感じ。寒さ厳しい折に「さ

すがに大雪ともなると、寒いよね」とか言ったほうが、寒さが伝わります。

冬の「二十四節気」にはほかに、冬が始まる「**立冬**」（十一月八日ごろ）、「ゆず湯に入って、カボチャを食べる」という風習のある「**冬至**」（十二月二十二日ごろ）、寒さが厳しくなる「**小寒**」（一月六日ごろ）、寒さが極まる「**大寒**（だいかん）」（一月二十日ごろ）があります。

「**小寒の氷大寒に解く**」と言われるように、小寒よりもむしろ大寒のほうが暖かいともされています。これなんか、会話に使えそうですね。「今日は大寒だけど、小寒の氷大寒に解くとも言うし、意外と寒くないよね」というふうに。

知っているとおもしろい「七十二候(しちじゅうにこう)」

紀元前三世紀ごろの中国では、「二十四節気」どころか、その一節気をさらに三つに分けた「七十二候」が完備されていました。これがそのまま日本の暦(こよみ)にも採用されたのですが、中国・黄河流域地方と日本とでは気候や自然現象が少し異なります。そこで江戸時代、日本独自の「本朝七十二候」がつくられました。

「えーっ、五日ごとに呼び名があるの？」と、あまりの多さに驚きますよね。もちろん全部を使いこなす必要はありません。季節情趣あふれる呼び名がちょっとおもしろいので、ここに列記しておきましょう。

立春の時節

第一候・二月四日
▼
東風解凍（はるかぜ、こおりをとく）

第二候・二月九日
▼
黄鶯睍睆（うぐいす、なく）

第三候・二月一四日
▼
魚上氷（うお、こおりをいずる）

雨水の時節

第四候・二月一九日 ▼ **土脉潤起**（つちのしょう、うるおいおこる）

第五候・二月二四日 ▼ **霞始靆**（かすみ、はじめてたなびく）

第六候・三月一日 ▼ **草木萌動**（そうもく、めばえいずる）

啓蟄の時節

第七候・三月六日 ▼ **蟄虫啓戸**（すごもりむし、とをひらく）

第八候・三月一一日 ▼ **桃始笑**（もも、はじめてさく）

第九候・三月一六日 ▼ **菜虫化蝶**（なむし、ちょうとなる）

春分の時節

第一〇候・三月二一日
▼
雀始巣（すずめ、はじめてすくう）

第一一候・三月二六日
▼
桜始開（さくら、はじめてひらく）

第一二候・三月三一日
▼
雷乃発声（かみなり、すなわちこえをはっす）

清明の時節

第一三候・四月五日
▼
玄鳥至（つばめ、きたる）

第一四候・四月一〇日
▼
鴻雁北（こうがん、かえる）

第一五候・四月一五日
▼
虹始見（にじ、はじめてあらわる）

穀雨の時節

第一六候・四月二〇日

▼

葭始生（あし、はじめてしょうず）

第一七候・四月二五日

▼

霜止出苗（しも、やみて、なえ、いずる）

第一八候・四月三〇日

▼

牡丹華（ぼたん、はなさく）

立夏の時節

第一九候・五月五日

▼

鼃始鳴（かわず、はじめてなく）

第二〇候・五月一〇日

▼

蚯蚓出（みみず、いずる）

第二一候・五月一五日

▼

竹笋生（たけのこ、しょうず）

小満の時節

第二二候・五月二一日
蚕起食桑（かいこ、おきて、くわをはむ）

第二三候・五月二六日
紅花栄（べにばな、さかう）

第二四候・五月三一日
麦秋至（むぎのとき、いたる）

芒種の時節

第二五候・六月六日
螳螂生（かまきり、しょうず）

第二六候・六月一一日
腐草為蛍（かれたるくさ、ほたるとなる）

第二七候・六月一六日
梅子黄（うめのみ、きなり）

夏至の時節

第二八候・六月二一日 ▼ 乃東枯（なつかれくさ、かるる）

第二九候・六月二七日 ▼ 菖蒲華（あやめ、はなさく）

第三〇候・七月二日 ▼ 半夏生（はんげ、しょうず）

小暑の時節

第三一候・七月七日 ▼ 温風至（あつかぜ、いたる）

第三二候・七月一二日 ▼ 蓮始開（はす、はじめてひらく）

第三三候・七月一七日 ▼ 鷹乃学習（たか、すなわちわざをなす）

大暑の時節

第三四候・七月二三日
▼
桐始結花(きり、はじめてはなをむすぶ)

第三五候・七月二九日
▼
土潤溽暑(つち、うるおうて、むしあつし)

第三六候・八月三日
▼
大雨時行(たいう、ときどきふる)

立秋の時節

第三七候・八月七日
▼
涼風至(すずかぜ、いたる)

第三八候・八月一三日
▼
寒蝉鳴(ひぐらし、なく)

第三九候・八月一八日
▼
蒙霧升降(ふかききり、まとう)

処暑の時節

第四〇候・八月二三日
綿柎開（わたのはなしべ、ひらく）

第四一候・八月二八日
天地始粛（てんち、はじめてさむし）

第四二候・九月二日
禾乃登（こくもの、すなわちみのる）

白露の時節

第四三候・九月八日
草露白（くさのつゆ、しろし）

第四四候・九月一三日
鶺鴒鳴（せきれい、なく）

第四五候・九月一八日
玄鳥去（つばめ、さる）

秋分の時節

第四六候・九月二三日
雷乃収声（かみなり、すなわちこえをおさむ）

第四七候・九月二八日
蟄虫坏戸（むし、かくれて、とをふさぐ）

第四八候・一〇月三日
水始涸（みず、はじめてかるる）

寒露の時節

第四九候・一〇月八日
鴻雁来（こうがん、きたる）

第五〇候・一〇月一三日
菊花開（きくのはな、ひらく）

第五一候・一〇月一八日
蟋蟀在戸（きりぎりす、とにあり）

霜降の時節

第五二候・一〇月二三日
霜始降（しも、はじめてふる）

第五三候・一〇月二八日
霎時施（こさめ、ときどきふる）

第五四候・一一月二日
楓蔦黄（もみじ、つた、きばむ）

立冬の時節

第五五候・一一月七日
山茶始開（つばき、はじめてひらく）

第五六候・一一月一二日
地始凍（ち、はじめてこおる）

第五七候・一一月一七日
金盞香（きんせんか、さく）

小雪の時節

第五八候・一一月二二日
虹蔵不見（にじ、かくれてみえず）

第五九候・一一月二七日
朔風払葉（きたかぜ、このはをはらう）

第六〇候・一二月二日
橘始黄（たちばな、はじめてきばむ）

大雪の時節

第六一候・一二月七日
閉塞成冬（そらさむく、ふゆとなる）

第六二候・一二月一二日
熊蟄穴（くま、あなにこもる）

第六三候・一二月一六日
鱖魚群（さけのうお、むらがる）

冬至の時節

第六四候・一二月二二日
乃東生（なつかれくさしょうず）

第六五候・一二月二七日
麋角解（さわしかのつの、おつる）

第六六候・一月一日
雪下出麦（ゆき、わたりて、むぎ、のびる）

小寒の時節

第六七候・一月五日
芹乃栄（せり、すなわちさかう）

第六八候・一月一〇日
水泉動（しみず、あたたかをふくむ）

第六九候・一月一五日
雉始雊（きじ、はじめてなく）

大寒の時節

第七〇候・一月二〇日
欵冬華（ふきのはな、さく）

第七一候・一月二五日
水沢腹堅（さわみず、こおりつめる）

第七二候・一月三〇日
雞始乳（にわとり、はじめてとやにつく）

ざっと見て、どうでしょう、何となく季節の風情が感じられる言葉だと思いませんか？　その時節に現われる、花や虫、鳥、動物の様子が的確に表現されています。使いこなすことは難しいとはいえ、季節を話題にするときに随時、参照してみるのもよいかと思います。たとえば、

「菅原道真の『**東風吹かば　においおこせよ　梅の花**』じゃないけど、そろそろ梅の季節だね。『七十二候』では二月四日は『**東風、氷を解く**』。東からの風が厚い氷を解かし始めるとされているんだよ」

「今日、モンシロチョウが飛んでいるのを見たよ。『七十二候』では『**菜虫、蝶と化る**』といって、青虫が羽化する季節なんだよね」

「ツバメって、四月の初めに南からやって来て、九月の中ごろにまた帰っていくでしょ。季節の風物詩だよね。『七十二候』にもちゃんとその日があるんだ」

「山茶花の花がそろそろ咲き始めそう。もうじき十一月七日、『七十二候』でいう『**山茶、始めて開く**』だからね。『山茶』は『つばき』と読むけど、サザンカのことだよ」

といった具合に、暦の知識をちらりと見せて使うといいでしょう。しょっちゅうやるとイヤミですから、「今日は気の利いた季節の挨拶をしたい」ときなどに、「七十二候」を参照すると、意外といいネタが見つかるものです。

ほ〜う
11月

手紙・メールの書き出しに季節の彩りを

手紙ではよく、書き出しに時候の挨拶を入れます。メールだって、ビジネスは別にして、ご無沙汰をしていたり、ちょっとご機嫌伺いをしたいなと思ったりするときには、時候の挨拶から入ると、文章がスムーズに流れます。

そんなときに使う言葉は、大人の常識として覚えておきたいものです。

Q

時候の挨拶を、空欄を埋めて完成させてください。ノーヒントです。

① □暖の候、桜の便りが聞かれるようになりました。

② □雨の候、気が滅入る毎日ですね。

③ □暑の候、ひまわりが日増しに背を伸ばしています。

④ 錦□の候、紅葉狩りが待ち遠しい今日このごろです。

⑤ 霜□の候、木枯らしが冬を運んできたようで、めっきり寒くなりました。

A

①春暖　②長雨　③炎暑　④錦秋　⑤霜寒

まず①について。春は「桜」。暖かくなるにつれて、開花が待ち遠しくなりますね。「**春暖の候**」という書き出しがぴったりです。「**桜花の候**」「**花冷えの候**」などの表現もいいですね。桜が散るころに「**葉桜の季節になりましたね**」と挨拶するのもしゃれています。

ほかにも春を表す表現があります。たとえば「**春粧**」は、いまはあまり使われませんが、字面も響きもとても美しい日本語です。「化粧」の「粧」の字で、訓読みすると「よそおう」。米へんはおしろいの粉を意味し、つくりの「庄」はもともとは「荘」で「装」の字に通じることから、「おしろいの粉で飾る」ことを意味します。ときどき使ってみてはいかがでしょう。

「**春和**」の「和」の訓読みは「やわらぐ」。春の和らいだ様子を意味します。これに日差しの明るいことを意味する「景明」をつけて「**春和景明の候**」とも言います。

春は桜だけではなく、ウメ、モモ、ヤマブキ、フジ、スミレ、カーネーションなど、たくさんの花が咲きます。まさに「**春爛漫**」！　これら花の名を時候の挨拶に入れるのも風情があります。

ほかに、孟浩然の『春暁』という漢詩を引用して、「**春眠暁を覚えず**で、ついつい寝過ごしてしまいました」と挨拶すると、ちょっと知的な感じがします。

②は「梅雨」どきの挨拶です。二カ月近くもじとじとと雨が続く、ちょっとうっとうしい季節ですね。でも雨に濡れた紫陽花とか、スッとした姿も美しいアヤメ、黄金色に染まる麦畑、陽光のありがたさが心にしみる梅雨の晴れ間など、しっとりとしたなかにも色鮮やかな光景がありますよね。

そちらにも目を向けて、美しい挨拶の言葉を紡ぎましょう。「**長雨**」による憂うつな気分も晴れようというものです。

夏の挨拶③は、前にも解説した通り。「**炎暑**」「**酷暑**」「**猛暑**」「**極暑**」などで表わされる夏の暑い時期でも、ひまわりのように元気に輝いていたい。そんな気持ちを込めて挨拶するといいでしょう。ただ「暑い、暑い」だけでは身も心も苦しくなってしまいますから。稲穂が茂る様子にたとえるのもステキです。

秋は紅葉。④の「**錦秋**」という言葉が美しく響きます。爽やかな陽気ですので、「**爽秋**」「**清秋**」もマッチします。また「**涼風の候**」「**秋晴れの候**」「**夜長の候**」「**秋雨の候**」「**秋霜の候**」といった表現もあります。

晩秋から冬の初めにかけては霜の降りる時期。⑤の「**霜寒**」や、本格的な寒さが始まるということで「**向寒**」などの言葉が使えます。寒さが厳しくなってきたら、「**酷寒の候**」「**厳寒の候**」「**寒風の候**」「**寒冷の候**」などとするといいでしょう。

冬は花こそ少ないけれど、お魚のおいしい季節。「ふぐ鍋の恋しい季節になりました」とか「熱燗が心身にしみますね」「そろそろカニが旬ですね」などと、食べ物の話題を盛り込むのも一つの方法です。

ちなみに時には「候（こう）」を「**みぎり**」と言い換えるのもオツなもの。漢字で書くと「砌（みぎり）」。「石を切りそろえて重ねた階段」を意味します。時も同じく積み重ねるものだからでしょうか。時節を意味する言葉としても使われます。

第3章

『百人一首』の言葉で日本語を自在に楽しむ

率直な感情表現が魅力

先ごろ、『源氏物語』を読み返していて、改めて思いました。

「平安貴族というのはこんなにも恋愛にエネルギーを注いでいたのか」と。

あの時代の男女のコミュニケーションは、おもにうわさ話と歌で行われていました。顔も見ずに恋をするのです。顔を見るのは、肉体関係を持ってから、という場合がほとんどでした。

ですから男性は、ステキな女性のうわさを聞きつけると、まず歌を送る。女性からの返事も歌。そうして歌をやりとりするうちに、互いが歌に使う言葉と、その言葉を通して表現する感性によって、恋が盛り上がっていくわけです。

こんなに美しい恋愛文化は他国にはないと言っても過言ではないでしょう。それが平安貴族の間で当たり前のように行われていたことに、文化の高さを感じます。

そこで『百人一首』。天智天皇から順徳天皇に至る、奈良・平安・鎌倉の三時代に渡って収録された百首は、いずれも勅撰集に収められた歌ばかり。うち半数近い四十三首が「恋の歌」です。恋愛表現の宝庫と言ってもいいでしょう。最近はマンガや映画で『ちはやふる』という作品が流行っていることですし、恋愛に、あるいは〝恋バナ〟や日常会話に応用してみるのも一興です。

百人一首は誰しも、一度は暗記したことがあるはず。「覚えているような、いないような」という感じだとは思いますが、意外とスルリと使えて、話し相手にも「ああ、そういう心境なのね」と伝わりやすいように思います。

使える言い回しが盛りだくさん

Q

小野小町の有名な歌です。空欄を埋めてください。

□の色は　うつりにけりな　□□□□に
わが身世にふる　ながめせし間に

ヒント　年齢とともに衰えていく容色を嘆いています。

A 花、いたづら

絶世の美女として知られる小野小町が、「桜の花がはかなく色褪せてしまったように、私の容色も衰えてしまった。むなしい恋に明け暮れ、ぼんやり過ごしている間に」と嘆いている歌です。女性なら、この表現をそのまま、老け込む自分を揶揄するように使うのもアリでしょう。少々自嘲的ですが。

あるいは「花の色」というきれいな表現を借りてもいいでしょう。「花の色はうつりにけりな、とはいえ、まだまだ若い。春真っ盛りですよ」とか「花の色はうつりにけりな、というから、若さを過信せず、いまのうちからスキンケアに励みましょう」というふうに。

また、この歌で覚えておきたいのは「**いたづらに〜する**」という言い回し。「いたづら」といっても、わるさすることとは違います。漢字で書くと、そっちは「**悪戯**（いたずら）」で、こちらは「徒（いたずら）」。「役に立たないこと」や「むなしいさま」を意味します。たとえば「いたずらごと」と読む「**徒言**」は「むだ口」、「**徒事**」は「役に立たないしわざ」を表わします。「徒事」は「あだごと」とも読みます。

「せっかくの休日だというのに、**いたずらに時を過ごしてしまった**」とか、「**いたずらに枝葉末節**（しようまつせつ）**にこだわっていても**事が進まない。もっと大局的（たいきょくてき）に考えよう」といった具合に使うといいでしょう。

「逢う」の字に恋しい気持ちを込めて

Q

下の句の初めにくる七言を答えてください。

わびぬれば　今はた同じ　難波（なには）**なる**
□□□□□□□　逢はむとぞ思ふ

ヒント　「**澪標**（みおつくし）」にかけた言葉です。

A みをつくしても

「みをつくし」はもともと、川や海などで舟の通う水路を示すために立てる杭のこと。和歌では多くの場合、「身を尽くし」と掛けて用いられます。風流好色で知られる元良親王が詠んだこの歌は、「あなたと逢えず、悩み苦しんでいる私は、もはや身を捨てたも同じこと。難波の入り江にある澪標ではないけれど、身を尽くしてもいいから、あなたにお逢いしたい」と、切ない心情を訴えています。

詞書きによると、元良親王が世をはばかる秘密の恋が露見した後に送った歌だそうです。うわさに苦しみ、罪深さに苦しみ、でも逢いたいというのですから、かなり激しい恋情と見て取れます。

たとえば忙しくてデートもままならない恋人に、「**みをつくしても逢はむとぞ思**

ふ、という心境です」などとメールしてみてはいかがでしょう。

同じく「みをつくし」の言葉が、皇嘉門院別当の歌にも見えます。

難波江の　葦のかりねの　ひとよゆゑ
みをつくしてや　恋ひわたるべき

（難波の入り江に生えている芦の狩り根の一節のように、あなたと仮寝の短い一夜を過ごしたために、この先もずっと身を尽くして恋し続けなくてはならなくなった）


一夜限りの恋と割り切るのは難しいということでしょうか。「いい加減な気持ちではなかったんだ」ということを伝えたいときに使えそうです。

もう一つ、ここで注目したいのは「**逢う**」の字。「あう」と読む漢字には、「**会う**」「**合う**」「**遇う**」「**遭う**」があります。私たちがふだんよく使うのは「会う」ですね。メールでもよく「近いうちに会いましょう」とか「一度、お会いして、話をさせてください」といった文章を書くのではないかと思います。

また「合う」もよく使います。たとえば二つのものが同じになるときは「君とは考え方が合うね」、足し算するときは「A君とB君のいいところを合わせると、完壁なんだけどなぁ」、フィットするときは「チーズって意外とジャムに合うんだよ」などと表現しますよね。

このほか、たまたま自分の身に不幸な事が起こったときは、「**遭う**」、思いがけない出来事があったときは「**遇う**」がピッタリきます。たとえば「旅先で台風に襲われて大変な目に遭いました」「東京駅で郷里の高校の友人に遇って驚いたよ」等々。

そして「**逢う**」。これは恋人同士の間で使うと、相手を恋しく思う気持ちが強調されるように思います。メールでデートの約束をするときなどは、「会いたい」より「逢いたい」と書いたほうが、しっとりとした恋愛情緒が感じられます。

実際、『百人一首』には「逢う」の文字がたくさん出てきます。場面別にいくつか紹介しますので、ときに引用してはどうでしょうか。

「出会いと別れは繰り返すのねぇ」としみじみするとき

これやこの　行くも帰るも　別れては
知るも知らぬも　逢坂（おうさか）の関（蝉丸（せみまる））

人目を忍んで逢いたい思いを伝えるとき

名にし負はば　逢坂山の　さねかづら
人に知られで　くるよしもがな　（三条右大臣）

結ばれて、なお逢いたさが募って苦しいとき

逢ひ見ての　のちの心に　くらぶれば
昔はものを　思はざりけり　（権中納言敦忠）

たまにしか逢えなくて、思いがいっそう募るとき

逢ふことの　たえてしなくは　なかなかに
人をも身をも　恨みざらまし　（中納言朝忠）

せめてもう一度、逢いたいとき

あらざらむ　この世のほかの　思ひ出に

今ひとたびの　逢ふこともがな（和泉式部）

誘いをきっぱり断るとき

夜をこめて　鳥の空音は　はかるとも

よに逢坂の　関はゆるさじ（清少納言）

何カ所かに見える「逢坂関」とは、古代・中世の近江国の関所。滋賀県大津市の逢坂山にあったといいます。風流な名前ゆえに、乗り越えるのが難しい障害があって、苦しさ、切なさの募る恋心に見立てられたのでしょう。

このように「あう」という単純な言葉一つ取っても、さまざまな心模様を表わすことができます。これらを場面に応じて使い分けられることがまた、「大人の語彙」というものです。

〝使い映え〟する言葉たち

『百人一首』に出てくる単語は古語ですが、いま使えないかと言うと、そうでもありません。たとえば昔、古文の授業で「いとをかし」という言葉を習うと、ちょっと使いたくなりませんでしたか？

そんな感覚で使ってみるのも良いかと思います。

Q

空欄を埋めてください。

①天つ風　雲の通ひ路　吹きとぢよ　□□□の姿　□□□とどめむ

ヒント きれいな女性の姿はしばらくまぶたに留めておきたいですよね。

②□□□□□　神代も聞かず　竜田川　□□□□□□に　水くくるとは

ヒント 大和和紀さんのマンガのタイトルにもなりました。

③□見れば　□□に物こそ　悲しけれ　わが身ひとつの　秋にはあらねど

ヒント 秋の空を眺めてもの悲しさを覚え、心が乱れます。

A

①をとめ、しばし　②ちはやぶる(ふる)、からくれなゐ
③月、ちぢ

僧正遍昭の詠んだ①の歌では、雲のなかにある天女の通る道を「**通ひ路**」と表現しています。「**恋の通い路**」として、「最近、なかなか逢えないね。風が恋の通い路を吹き閉じたのかな」などと言うと、風情があります。

「**をとめ**」は若い女性を指す言葉。いまでも「乙女チックな洋服だね」とか「乙女心が傷ついた」といった使い方をします。か弱くて純粋なイメージが出ますね。

「**しばし**」は時代劇でもよく耳にする言葉。「しばらく」という意味です。待ち合わせや締め切りに遅れたときなどに、「しばし、お待ちください」などと使えます。

在原業平朝臣の詠んだ②は、恋の激情を色鮮やかに表現しています。「**ちはやぶる**」は勢いの激しい様を表わします。「神」にかかる枕詞でもありますが、いまならギャグっぽく「彼って、ちはやぶる男なのよね。ぐいぐい迫られて参っちゃうわ」というふうに使うのもアリでしょう。〝おのろけ話〟にちょっぴり知性が光ります。

加えて「**からくれない**」という色彩表現が実に鮮烈（せんれつ）！ この歌では「紅葉を絞り染めに見立てて、竜田川が紅葉を散り流して真っ赤に染まる様」を表わしています。

大江千里（おおえのちさと）の詠んだ③の歌は、月夜に物思いに沈む情緒を感じます。「月を見ると、さまざまにもの悲しく感じられる。私一人の秋ではないのに」と、「月」と「わが身」、「ちぢ（千千）」と「ひとつ」を対応させているところが心憎い表現です。現代でも「**心がちぢに乱れる**」と使うと、悩み悲しむ姿さえも美しく感じられます。

Q

空欄を埋めてください。

①□ぶれど □に出でにけり わが恋は ものや思ふと 人の問ふまで

ヒント 恋する気持ちは隠しおおせないものです。

②さびしさに 宿を立ち出でて ながむれば □□□□□ 秋の夕暮れ

ヒント 「どこもかしこもいっしょ」という意味です。

③□□□□□ もの思ふころは 明けやらで 閨（ねや）のひまさへ つれなかりけり

ヒント 「一晩中」という意味です。

①忍、色　②いづこも同じ
③夜もすがら

平兼盛（たいらのかねもり）の詠んだ①は、非常に有名な歌。人は恋をすると、自分では隠しているつもりでも、その気持ちがどうしても表情やしぐさに現われてしまうもの。共感する人が多いでしょう。「**忍ぶ**」はきれいな表現なので、ぜひ覚えて欲しいところです。

「自分では隠してたつもりが、『**忍ぶれど色に出でにけり**』。バレてましたね」

また「忍ぶ恋」の絶唱として知られる歌をもう一つ。参議等（さんぎひとし）の作品です。

浅茅生（あさぢふ）の　小野（をの）の篠原（しのはら）　忍ぶれど
あまりてなどか　人の恋しき

現代風に言えば「あの人のことが好き過ぎて、もうガマンできない！」という感

じでしょうか。

良暹法師の詠んだ②は、秋の夕暮れの寂しさを歌ったもの。「**いづこも同じ**」という言い回しは、「みんな、同じだよ」と言いたいときにギャグっぽく使えます。たとえばミスをして落ち込んでいる人に「ほんと、落ち込むよね。いづこも同じだよ」とか、桜が一斉に満開になったころに「近所の小学校の桜がきれいでね。まぁ、いづこも同じだけど」といったふうに。

「いづこ」は、「**いづこともなく**（どこという当てもなく）」「**いづこはあれど**（どこがいいかはともかくとして）」「**いづこをおもてに**（何の面目があって）」などの古い言い回しもあります。漢字で「**何処**」と書きます。

俊恵(しゅんえ)法師の詠んだ③は、つれない恋人に一晩中悶々(もんもん)と悩む女性の心情を映したもの。「**夜もすがら**」という表現は、恋煩い(こいわずら)に限らず、悩みごと全般、眠れないままに夜を過ごしたときに使えます。「**もの思ふ**」とセットで使うと、悶々と悩む感じがいっそう出るでしょう。

「**物思いにふける**」という表現は、最近はあまり使われませんが、「考え事をしていた」というよりしみじみとした感情が出ていいのではないでしょうか。たとえば、「どうも彼女との仲がこじれていて、気がついたら、物思いにふけっているんだよね。夜も眠れなくてさ、『夜もすがら　もの思ふころは　明けやらで』の心境だよ」というような言い方をすると、彼女への切ない思いがいい感じで表現できます。

ほかに「もの思ふ」の言葉が見える歌に、西行法師(さいぎょう)のものもあります。

嘆けとて　月やは物を　思はする
かこち顔なる　わが涙かな

古来、月は人を物思いにふけらせるものとされていますが、ここでは「月の美しさに感動して涙を流したのではない。恋人のせいだ」としていて、風雅(ふうが)な表現です。

恋のこんな場面にこんな歌

恋の心情を伝えるときに、『百人一首』を引用してはいかがでしょうか。恋のさまざまな場面にぴったりくる歌が豊富にあります。

Q

空欄を埋めてください。ノーヒントです。

①あしびきの　山鳥の尾の　しだり尾の　長々し夜を　ひと
り□□□□

②筑波嶺(つくばね)の　峰より落つる　みなの川　恋ぞ□□□□淵
となりぬる

③わが袖は　潮干(しほひ)に見えぬ　沖の石の　人こそ知らね　□□
□間もなし

④瀬□□□□　岩にせかるる　滝川の　われても末に　あは
むとぞ思ふ

⑤わたの原　八十島(やそしま)かけて　こぎ出でぬと　人には告げよ　あ
まの□□

⑥契りきな　かたみに袖を　しぼりつつ　末の□□波□
□□□□

⑦ながらへば　またこのごろや　しのばれむ　□□と見し世ぞ
今は恋しき

A

①ひとりかも寝む　②恋ぞつもりて　③かわく間もなし　④瀬をはやみ　⑤あまの釣り舟　⑥末の松山　波越さじとは　⑦憂し

柿本人麻呂の詠んだ①は、ひとり寝のわびしさを嘆いた歌。仕事が忙しいとか、長期出張といった事情で恋人と逢えない日が続いたときなどに引用されたし。「山鳥のたれ下がった尾のように、長い長いこの秋の夜を」の辺りに、寂しさが情緒的に表現されています。ちなみに山鳥の雌雄は夜、谷を隔て別々に寝るそうです。

ひとり寝の寂しさを訴える歌は、右大将道綱母も詠んでいます。

嘆きつつ　ひとり寝る夜の　明くる間は
いかに久しき　ものとかは知る

陽成院の詠んだ②は、積もりに積もった恋心を主題としています。会っていると

きも、会わずに離ればなれで過ごすときも、積もりに積もるのが恋心。とくにつき合い始めのころは、積もる恋心に苦しくなるくらいでしょう。「あなたのことがこんなに好き」と表現するのに、もってこいです。

二条院讃岐（にじょういんのさぬき）の詠んだ③は、片思いの悲しさを歌っています。心に秘めた恋しい人への思いが、「涙に濡れた袖の乾く暇もない」という表現に凝縮（ぎょうしゅく）されています。「片思いって、つらいよねぇ」と言いたいときに引用してください。

崇徳院（すとくいん）の詠んだ④は、「いまは別れ別れになってしまうけれど、いつかまたいっしょになろうね」と、将来を誓う歌。激しい恋心を表現できます。恋に障害はつきもの。どんなに愛し合っていても、別れなくてはならない場合もあるでしょう。そんなときにはこの歌がぴったり。「生まれ変わってもいっしょになろうね」みたいな感じで使えます。この歌はまた、落語の題材にもなっています。

参議篁（さんぎたかむら）の詠んだ⑤は、自分の思いが恋人に届かないことへの嘆きが込められています。恋というのは相手あってのもの。相手が自分に興味を示さなかったり、道ならぬ恋であったりした場合、「こんなに好きなのに」と怨（うら）みたくもなるでしょう。

そんなときにこの歌をつぶやくと、少しは悲しみが軽減されるかもしれませんね。

清少納言の父親である清原元輔（きよはらのもとすけ）の詠んだ⑥は、恋人の心変わりを責める歌。「あの末の松山を波が越すことのないように、私たちの仲も決して変わることがないと堅く約束しましたよね」と、少々恨みがましく言っています。万が一、恋人が浮気したなら、この歌をぶつけてみるのもよいかと思います。

藤原清輔朝臣（ふじわらのきよすけあそん）の詠んだ⑦は、「つらかった過去がいまでは恋しく思い出されるように、いまの苦しい思いも時の流れが癒（いや）してくれるだろうか」という意味です。いま、つらい恋をしている人は、〝時間薬〟が癒してくれると信じましょう。楽しい恋よりもむしろ、つらい恋のほうが「輝いている自分」を見いだせるもの。この歌を音読すると、憂うつな気分も軽くなります。「**憂し**」「**憂き**」も使いたい言葉。

思ひわび　さても命は　あるものを
憂きにたへぬは　涙なりけり

という道因法師（どういんほうし）の歌にも使われています。「どれほど恋に悩んでも命はあるのに、涙だけはつらさに耐えかねてこぼれ出る」と、恋のつらさを表現しています。

第4章

「俳句」「詩」を滑り込ませて知性あふれる会話をする

天才の感性を引き継ぐ

歌人・詩人は、いわば日本語の天才です。その天才がある状況を「これはすばらしい」と感じ取って言葉を編んだ俳句や詩は、ハイセンスな日本語表現の宝庫と言っていいでしょう。

昔、文芸評論家の小林秀雄氏が、「リルケがあのように歌うまでは、薔薇はあのように咲きはしなかった」と言っています。少々難解でしょうか。

ようするに本来は薔薇が咲いていて言葉があるのですが、リルケが『薔薇』という詩をつくったことで、薔薇を見た人が「あー、薔薇は本当にリルケが表現していたように咲くなぁ」と気づく、ということです。

同じように、芭蕉の俳句を通して自然の情景がより心に染み入った人もいるでしょう。言葉にはそのくらいの力があるのです。ある情況を切り取った言葉で感覚が豊かになり、自然や心の織りなす世界を豊かに味わえるわけです。

俳句や詩の〝有名どころ〟から、自分のいまの状況や心境にフィットするフレーズを拝借して、会話にスルリと滑り込ませてみましょう。

非常に洗練された表現なので、会話の質が高まるし、拝借した俳句・詩にまつわるちょっとした〝うんちく話〟を披露して、会話を知的に盛り上げることもできます。

芭蕉の句は使い勝手がいい

Q

芭蕉の『おくのほそ道』にある次の有名な句の空欄を埋めてください。

①夏草や □□□□ □□□

ヒント かつての戦場もいまはぼうぼうと夏草が生い茂り……。

②閑(しづか)さや 岩に□□ 入(いる) □□□

ヒント 暑い夏の日、ジージー、ミンミンとうるさく感じるものですが……。

③□□□を あつめてはやし □□□

ヒント 梅雨どきの長雨で、川の水かさが増し、流れが急になることも……。

A

①兵どもが　夢の跡
②岩にしみ入る　蟬の声
③五月雨、最上川

芭蕉のもっとも有名な句集は、一七〇二年に刊行された『おくのほそ道』でしょう。門人の曽良とともに江戸・深川を出発し、奥州各地を行脚。北陸を経て美濃・大垣に至り、さらに伊勢の遷宮を拝もうと舟で出るところで終わるまで、全行程六百里（約二千四百キロメートル）、五カ月半におよぶ大旅行の俳諧紀行文です。

収録されている句は、曽良や美濃の国の商人、低耳のものも含めて全部で六十五句。使いたくなる言葉がたくさんあります。

岩手県・平泉で詠んだ①は、奥州藤原氏が清衡・基衡・秀衡と三代に渡って築いた栄華が消えてしまったことを偲ぶような心情が表現されています。なかでも「**兵**

どもが夢の跡」は秀逸。使いたくなる場面が、けっこうあります。

ストレートに使うなら、旅先で古い城を訪れたときなどはもってこい。「権力を誇示するようにあったこの城も、いまとなっては兵どもが夢の跡だね」というふうに。

またバブルやリーマンショックなど、経済の大転換期に狂喜乱舞した好景気の世を懐かしみ、同時にいまの不景気ぶりを嘆く思いを込めて、「兵どもが夢の跡だよね」みたいな言い方をするのもいい。

あるいはイベントが終わった後の会場とか、スポーツの試合終了後のスタジアムなどに立ち、「ゴミの山　兵どもが夢の跡、だね」「砂埃舞う　兵どもが夢の跡、って感じだな」といった使い方もできます。喧噪が去った後の寂しさを込めて。

山形県の山寺、立石寺で詠んだ②は、夏の盛り、蝉の鳴き声が盛んなときにそのまま使えます。蝉はうるさいんですけど、それしか聞こえないと逆に静けさを感じるという。「**岩にしみ入**」も含めて、ちょっとふつうの人には表現できない、日本的な美の世界ですよね。

「あー、まさに『**閑さや　岩にしみ入る　蝉の声**』だね」とつぶやくと、不快感を鎮めながら涼をとる心地よささえ感じます。

立石寺を後にし、大石田というところから舟で最上川を下ったときに詠んだ③は、五月雨で増水した最上川の激流が、舟で下ってみてこそ実感できたのでしょう。

少々ギャグっぽい使い方になりますが、人海戦術よろしく大勢で早く仕事をやってしまいたいときに使えます。「**五月雨を集めて早し、だよ**」と声をかけながら、たくさんの人を集めるなどすると、「力を合わせて、勢いよくやってしまおう」という気持ちが伝わります。みんなの気合いの入れようも変わってきそうです。

同じ「最上川」を詠んだ句に、「**暑き日を　海に入れたり　最上川**」があります。これは出羽三山詣でを経て坂田に着いたときのもので、芭蕉が感じた「涼気」が伝わってくるようです。秋めいてきたころに、「暑き日を海に入れたり、だね。今日は涼しいね」などと言うと、風流です。

ほかで使えそうな句に、旅の最初の句「**行く春や　鳥啼き魚の　目は泪**」、日光山に参拝して詠んだ句「**あらたふと　青葉若葉の　日の光**」などがあります。

前者は、「**行く春や**」のひと言に、去りつつある春の情緒を惜しむ気持ちが表われています。桜の花びらが風に舞うのを見ながら、あるいは新入生や新社会人が新しい環境に馴染(なじ)んでいく姿を微笑ましく思いながら、「行く春や、だね」などとつぶやいてみるのも一興でしょう。

後者は、初夏の風景を楽しむときなどに使えそう。陽光を受けて照り輝く木々を眺めて、つぶやいてみてはいかがでしょうか。

こういった〝有名どころ〟でないと、なかなか理解が得られないので、そこは要注意、ということで。

また『おくのほそ道』以外にも、おもしろい句があります。三つほどあげておきましょう。一つは、

蛸壺(たこつぼ)や　はかなき夢を　夏の月

ワナにはまって蛸壺に閉じ込められた蛸が、夏の月明かりの下、〝人生〟最後の夢を見ている様子を彷彿(ほうふつ)とさせます。かわいらしい感じもしますし、いろんなものにがんじがらめにされながらもいい夢を見たいわが身と重ね合わせて感じ入るもの

もあります。「障害があり過ぎて、もう『蛸壺や　はかなき夢を　夏の月』の心境だよ。大変だけど、夢はあきらめないよ」などと。

旅に病んで　夢は枯野を　かけ廻る

これは、辞世の句として有名。実にかっこいい。体を壊したり、困難に打ちのめされそうになったときなどに、この句をつぶやくと、夢をあきらめない気持ちになろうというものでしょう。

秋深き　隣は何を　する人ぞ

これも芭蕉絶唱の最高の秀句の一つ。体調が悪く、参加できなかった句会に送った句とされています。この場面を自分が残念ながら出席できない飲み会などに見立てて、「仕事が立て込んでいて、飲み会に行けないよ。『**隣は何を　する人ぞ**』の心境だけど、楽しんでね」などと使うといいでしょう。また居酒屋で盛り上がっている団体を横目に、「隣は何を　する人ぞ」と言うのもしゃれています。

小林一茶の句に見るおもしろい表現

小林一茶はドラマチックな人生を生きた俳人です。とりわけ貧しさをテーマにした句が印象的。悲惨ながらふっと笑いのもれる句が多く、「わかりやすくて、おもしろい」――。使える状況がけっこうあるので、いくつか覚えておきたいところです。

Q

次の一茶の句の空欄を埋めてください。

①空腹(すきばら)に □ひびく 夏野哉

ヒント お腹が減っていると、大きな音が腹に響きます。

②合点して 居ても□□ぞ □□ぞ

ヒント わかっちゃいるけどつらいこと。

③年よりや 月を見るにも □□□□□□

ヒント この念仏を唱えると、極楽浄土(ごくらくじょうど)に行ける？

A

①雷
②寒い、貧しい
③ナムアミダ

幼いころに母を亡くし、後に迎えられた継母とは対立。十五の年で江戸に出て以降は転々と〝渡り奉公〟。やがて俳諧を習い覚えて頭角を現わすも、確たる成功は得られない。また私生活にあっても、五十を過ぎてようやく結婚できたものの、子どもが次々と夭折、妻にも先立たれたうえに、再婚に失敗。実家とは遺産相続で延々と揉めるなど、壮絶な人生を歩みました。

そんな暮らしから、一茶のあのおかしみのある俳句が生まれたと思うと、いっそう味わい深いものがあります。どんな状況にあっても、軽やかに生きていこうと思えるのです。

それはさておき、「お金がない」「暑くて（寒くて）やりきれない」「お腹が減ってたまらない」など、何か苦しいときに一茶を思い出すと、気持ちがほっこりします。

問題の①は、「**空きっ腹に雷の音が響く**」とは実にうまい表現！　何となく実感としてわかるのではないでしょうか。たとえばランチを食べる暇もないくらい忙しく働いたのに、上司に叱られたときなどに、この句を捩って、「**空腹に　雷ひびく　職場かな**」などとつぶやいてみては？　怒りを爆発させることを「雷を落とす」「雷が落ちる」と表現することだし、ちょっと笑えますよね。

私は②の句が好き。私たちにはよく「言ってもどうにもならない」けど、言わずにはいられないことがあります。

たとえば夏は暑くて、冬は寒くて当たり前で、自分の力ではどうすることもできないのに、「あー、暑い、暑い」「うー、寒い、寒い」と言ってしまいますよね？「お金がない」「時間がない」「暇がない」などもそう。

そんなときに、一茶のこの句の「**合点して　居ても**」を借りて、「暑いぞ、汗出るぞ」とか、「寒いぞ、風邪ひくぞ」「花粉症だぞ、鼻水止まらぬぞ」「締め切りは明日だぞ、時間がないぞ」「給料はまだ先だぞ、金ないぞ」といったふうに言うと、うんざり気分が少しはマシになります。

さらにこの言葉を聞きつけた人に、「一茶の句に、『合点して　居ても寒いぞ　貧しいぞ』っていうのがあってね」と、チラリと知性を光らせることもできます。

年寄りが月を見ても何しても「**ナムアミダ**」とありがたがる様子を詠んだ③は、ささやかな日常を楽しむ心に通じます。忙しいときに「書類の山を見てもナムアミダ」、「差し入れをもらってナムアミダ」、上司に叱られたときに一人でこっそり「説教にもナムアミダ」などとつぶやいてみるのもいいでしょう。

ほかにも、虫のような小さな生き物に自分自身を重ね合わせた句も、いろんな場面で使えます。（　）内は場面の例、三つほどあげておきましょう。

痩蛙（やせがえる）　負けるな一茶　是（これ）に有り（難題に挑むとき）

ゆうぜんとして　山を見る　蛙哉（かわずかな）（臆病になりそうなとき）

どこを押せば　そんな音（ね）が出ル　時鳥（ほととぎす）（想定外の反応をされたとき）

会話の途中で「ここで一句」

ある情景・状況に置かれたとき、ふと有名な俳句や和歌を思い出すことってありますよね。そんなときは会話の途中で「ここで一句」とつぶやきましょう。知っている人は「まさに、その通り」と共感するでしょうし、知らない人も「え、え、何だっけ、それ？」などと興味を示してくれると思います。

Q

空欄を埋めてください。（　）内に示した俳人の名前がヒントです。

①□□□や□は東に□は西に（与謝蕪村）

②□□□□□□　□□□□□□青い山（種田山頭火）

③はたらけど　はたらけど猶（なほ）　わが生活（くらし）□にならざり□□□
□□見る（石川啄木）

A

①菜の花、月、日
②分け入っても、分け入っても
③楽、ぢつと手を

与謝蕪村は画家としても知られ、その俳句は絵画的と言われています。①の句は、一面、菜の花が広がる、春の夕暮れどき、日が西の空を茜色に染め、月が東の空にぼーっと白く浮かんでいる、そんな景色が浮かんできます。

菜の花の季節に限らず、夕暮れどきの田畑が眼前に広がるとき、「ここで一句」とつぶやくと、いっそう風情が感じられます。

菜の花を別の言葉に置き換えて、秋の気配が感じられる時節なら「コスモスや」、稲の刈り入れどきなら「稲穂の波や」、冬なら「なでしこや」など、使える場面はけっこうあるでしょう。

あるいは日没の時刻が近づいてきたら、「『**月は東に　日は西に**』、今日はそろそろ仕事を切り上げようかな」などと言うのも一興です。

蕪村の有名な句にもう一つ、「**春の海　ひねもすのたり　のたりかな**」があります。春うらら、のどかさについ眠気が差すようなときに引用できます。「いまは心情的には春の海。『ひねもすのたり　のたりかな』だよ」というふうに。

種田山頭火は「自由律俳句」で有名。とりわけ馴染みのあるのが②でしょう。教科書で目にした記憶があるかと思います。

山を登るときに「**分け入っても　分け入っても　青い山**」とつぶやくと、まだまだ頂上は遠いけれど、「青い山」のひと言があることで、爽快な気分にもなるでしょう。

仕事の場面でも、仕事をたくさん抱えているときに「分け入っても　分け入っても　書類の山」と言ってみるとか、大盛りのラーメンやどんぶりを食べながら「分け入っても　分け入っても　麺（飯）の山」とおどけてみる、といった形で使えそうです。

山頭火の句はまた、従来の俳句のリズムを無視していて、ごくふつうの会話のような表現が多いので、どうってことのない場面で使える句がけっこうあります。たとえばコンビニのミネラルウォーターの棚の前で「**こんなにうまい水があふれている**　山頭火」。営業がうまくいかなかった帰り道に「**どうしやうもないわたしが歩いている**　山頭火」、食事をいただく前に「**あたたかい白い飯が在る**　山頭火」といった具合に、最後に「山頭火」をつけて言うと、何でもない日常の風景が詩的な感じになります。ギャグっぽく使ってみるのもおもしろいでしょう。

啄木の③の句は、多くの人が実感するところではないでしょうか。「**ぢつと手を見る**」の言葉に、働いても働いても暮らし向きが楽にならない哀感が込められています。それでも自分の仕事にこの句を引用すると、何となくおかしみも出ますよね。

ほかにも「**たわむれに 母を背負いて　そのあまり 軽き(かろ)に泣きて 三歩あゆまず**」

「**東海の 小島の磯の　白砂に　われ泣きぬれて 蟹とたわむる**」

「**ふるさとの 山にむかひて　言ふことなし　ふるさとの山は　ありがたきかな**」

「**友がみな われよりえらく　見ゆる日よ　花を買ひ来て 妻としたしむ**」

などを覚えておくと、なおけっこう。多くの人が知っていて、実感する場面が多いかと思います。

有名な詩のフレーズを拝借

詩を丸ごと暗唱できなくとも、キモになるフレーズをいくつか覚えておくと、日常会話のなかに取り入れることができます。

Q

空欄を埋めてください。（　）内に示した俳人の名前がヒントです。

①□ニモマケズ　□ニモマケズ　□ニモ□ノ□サニモマケヌ（宮沢賢治）

②□□□□□□悲しみに　今日も□□の降りかかる（中原中也）

③僕の□に□はない　僕の□□に□は出来る（高村光太郎）

④□□□□へ行きたしと思へども　□□□□はあまりに遠し（萩原朔太郎）

⑤□□は遠きにありて□□もの　そして悲しく□□□もの（室生犀星）

A

①雨、風、雪、夏、暑　②汚れつちまった、小雪　③前、道、後ろ、道　④ふらんす、ふらんす　⑤故郷(ふるさと)、思ふ、うたふ

宮沢賢治の『雨ニモマケズ』は、あまりにも有名。知らない人はいないと言っていいくらいなので、引用しやすいフレーズの一つです。とくに冒頭の「**雨ニモマケズ　風ニモマケズ　雪ニモ夏ノ暑サニモマケヌ**」は、「困難に負けずにがんばろう」というときなら、どんな場面でも使えます。

たとえば旅行の前に「天気予報では台風が近づいているようだけど、**雨ニモマケズ、風ニモマケズ**、決行しよう」とか、企画が通らないときに「雨ニモマケズ、風ニモマケズ。通るまで、何回だって練り直すさ」というように。

続くところでも、「**決シテ瞋(イカ)ラズ　イツモシヅカニワラッテヰル**」「**ジ**

ブンヲカンジョウニ入レズニ」「**ミンナニデクノボートヨバレ　ホメラレモセズ　クニモサレズ**」「**サウイフモノニ　ワタシハナリタイ**」などは、使いやすいフレーズです。

怒りが爆発しそうなときに「ここはガマン。人格者たる者　**イツモシヅカニワラッテヰル**、でなきゃね」とつぶやいて気を落ち着ける。

自分勝手な人に「**ジブンヲカンジョウニ入レズニ**、という姿勢で取り組むのが大事だよ」と諭す。

がんばったわりには評価されず落ち込みそうなときに「まぁ、しょうがないよねぇ。宮沢賢治も『**ホメラレモセズ　クニモサレズ**』って言ってるしね。**デクノボー**と呼ばれないだけマシかもね」と自分を慰める。

夢を語った後に「**サウイフモノニ　ワタシハナリタイ**」とちょっとおどける。いろいろな場面で使えます。

中原中也から学ぶべきは、ハイセンスな日本語表現でしょう。中也の心に巣食う悲しみがどれほど辛いものであったかが、さまざまな言葉で語られるこの詩を読むと、こちらまで身を切られるような悲しみに襲われます。

悲しい出来事に心が押しつぶされそうな自分に、あるいは友人に「『**汚れつちまった悲しみに　今日も小雪の降りかかる**』、そんな心境だね」と言葉にしてみましょう。意外と心が浄化されるような感覚になります。

中也の詩でもっとも気軽に使えるフレーズに、「**思へば遠くへ来たもんだ**」があります。詩のタイトルは『頑是（がんぜ）ない歌』。「頑是ない」が「幼くて無邪気なこと」を意味するように、中也が「十二の冬のあの夕べ」を思い出しながら、言葉を紡いでいます。

このフレーズはまた、武田鉄矢さんのつくった歌のタイトルにもなっています。たとえば昔話をしながら、あるいは遠い旅先の地に立ちながら、「思へば遠くへ来たもんだ」と言うと、しみじみとした情感を表現できます。

高村光太郎の『道程』という詩にある③のフレーズは、「自分の進む道は自分で切り開いていく」という覚悟を決める感じで使うとよいのではないでしょうか。

将来が不安なとき、「**僕の前に道はない、僕の後ろに道は出来る**」とつぶやくと、前だけを見て進む力がわいてくるでしょう。

会話のなかでも、「誰だって、将来、自分がどう生きていくかを考えると、不安になるよね。でも高村光太郎が『僕の前に道はない、僕の後ろに道は出来る』と歌っていることだし、一歩一歩進むしかないよね。振り返ったときにどんな道ができているか、楽しみでもあるんじゃない?」などと使います。

高村光太郎にはまた、『智恵子抄』という有名な詩もあります。

「**智恵子は東京に空が無いといふ　ほんとの空が見たいといふ**」

というフレーズなんかはそのまま、高層ビルの林立する都心の風景を見ながらつぶやくのにピッタリです。智恵子が生きた時代よりもっと、東京の空は狭く汚れていますからね。

会話のなかでなら、「都会は息苦しいね。ほんとの空を見に旅に出たいなぁ」というふうに使えます。

「日本近代詩の父」と呼ばれる萩原朔太郎の『旅上』という詩にある④のフレーズは、「**せめては新しき背廣（せびろ）をきて　きままなる旅にいでてみん**」と続きます。

こういう気分になるときって、けっこうありますよね。思うように休みが取れなくて、海外に行けないとか、美術展に行けないとか。「**〜したしと思へども**」のフレーズを使って、パロディ感覚で気持ちを表現するのによいでしょう。

たとえば「飲み会に行きたしと思へども、仕事はあまりにも多く」とか、「温泉につかりたしと思へども、休みの日はあまりにも遠く」とか。

この言い回しに続けて、「せめてコーヒーでひと息つこうと思う」「せめてサウナで汗を流そうか」などと言うと、なお〝引用感〟が出ます。

室生犀星の『小景異情（その二）』の冒頭、⑤のフレーズはあまりにも有名です。進学や就職を機に故郷を離れるとき、あるいは帰りたくても帰れない事情があるときなど、なおのこと、心にしみるのではないでしょうか。

里心が付いて、寂しい気持ちがまさっても、この詩のフレーズを思い出すと、ほのぼの温かな気分になれるようにも思います。どんなに遠くとも、故郷が逃げ隠れすることはないし、何より自分の心のなかに存在しているのですから。

「連休は郷里に帰るの？」

「いや、『**故郷は遠きにありて思ふもの**』ってね」

「『**そして悲しくうたふもの**』って？」

「そうそう、初恋の人を思い♪センチメンタル・ジャーニー……って歌おうかな」

みたいに取り入れると、ハイセンスな会話を楽しめます。

第5章

「文学」「歌謡曲」で世界を彩り豊かにする

よりリアルに表現するために

昨今は「インスタ映え」という言葉が流行っています。その写真を見たときに、もし言葉で「きれい」「かわいい」「おもしろい」としか表現できないとすると、いささか寂しい感じがします。

日本語は、色や香り、音などを表現する言葉が多様です。「擬音語」「擬態語」と呼ばれる言葉もあります。物や感情をリアルに、あるいは感覚的に表現する言葉が非常に豊富なのです。

本章では、文学や歌謡曲などを通して、その種の表現を学ぶとともに、日本語の感覚表現の豊かさを味わっていただきたいと思います。

メールや会話に「五感」の味つけを加えると、間違いなく表現がより生き生きとしてきます。

日本情緒を添えて「色」を表現する

「色」には、数え切れないほどの和名があります。花や草木などの天然素材で糸・布を染めていた時代の名残でしょうか。色合いの微妙な違いを捉えて、さまざまに表現されてきました。そういった色および色彩感覚が、昔から現代に至るまで、多くの文学作品や歌の歌詞などに投影されています。

話し言葉だって、同じこと。「色」の描写が細やかであればあるほど、より鮮やかなイメージで伝わります。

Q

空欄にあてはまる色を、入れてください。

① 空が夕焼けで□色に染まった

② 唇に□□□□

③ 情熱の証、深□のバラを彼女に送った

④ 怒りで満面□をそそぐ

①茜　②紅（べに）をさす　③朱　④紅

Qの四つの文章はどれも、「赤」を表現します。

「**茜色**」は、茜草の根で染めた色。やや黄みを帯びた、沈んだ赤色です。夕焼けの空を表現するときによく使います。たとえば渡辺淳一さんの『メトレス愛人』に「初秋の空は**茜色に染まった**西の一帯を残して暮れていた」というくだりがあります。夕暮れどきに空を見上げて「日没だね。空が茜色だよ」などと言うのもいいですね。

「**紅**」は②では「**べに**」と読み、「頬に紅をさす」という言い方もあります。化粧品に「口紅」「頬紅」があり、赤色のなかでもわかりやすい表現です。同じ字を書いて「**くれない**」とも読みます。鮮やかな赤で、なかでも濃い紅が、③の「深紅（しんく）」。高校野球・夏の甲子園の優勝旗は「大深紅旗」と呼ばれています。春は紫に近い色の糸を使っていることから「大紫紺（しこん）旗」と称されています。

ちなみに『源氏物語』の「末摘花（すえつむはな）」の帖に、源氏が契った相手の顔を見て、鼻が長く、先が赤くてブサイクであったことから、「末摘花（紅花の異称）のようだ」と嘆息する場面が出てきます。ウンチク話の一つとして覚えておくとよいでしょう。

「**朱**」はオレンジ色に近い赤。④の「朱をそそぐ」は、顔が紅潮する様をたとえた慣用句。ほかに「**朱に交われば赤くなる**」「**朱を入れる**」などの表現もあります。たとえば「彼は信念の人だから、悪い人間とつき合っても、朱に交われば赤くなる、ということがないんだよね」「習字を習い始めたんだけど、朱を入れられてばかり。なかなか上達しないよ」というふうに使います。

Q

「黄色」を表わす、花の名をつけた呼称を三つあげてください。

ヒント　黄色い花を咲かせた後、綿毛になって風に飛んでいきます。
黄色い絨毯を敷き詰めたような畑が広がります。
光源氏が初めて見た若紫はこの色の襲（かさね）をまとっていました。

A

蒲公英色、菜の花色、山吹色

これら三つはいずれも黄色い花。その名を色の呼称に使われています。

温かな春を感じさせる、鮮やかな黄色――「**蒲公英色**」が使われ始めたのは、比較的新しく、近代以降と言われています。「**菜の花色**」も同様で、古くは「**刈安色**」「**黄蘗色**」などと呼ばれていました。

「刈りやすい」ことから名付けられた「刈安」は、イネ科の多年草。古来、染料として使われてきました。「黄蘗」は山地に自生するミカン科の落葉高木で、その名は木の皮をはぐと黄色であることに由来しています。刈安と同様、黄色の染料になります。いずれも一般的にはあまり馴染みのない植物ですが、ちょっと使ってみた

くなる色の名前ですよね。たとえば、

「菜の花畑が一面に広がっている様子は、まさに菜の花色の絨毯ね。黄色って昔は、染料に使われる植物に由来して『刈安色』『黄蘗色』とも呼ばれたんですって」

などと会話に取り入れるといいでしょう。

「山吹」は、美しい鮮やかな赤みを帯びた黄色い花を咲かせることから、万葉のころから親しまれてきました。

ヒントにあるように、『源氏物語』の「若紫」の帖では、光源氏が、桜が散り、山吹が黄色い花をつけるころにいまの岩倉辺りを散策していて、山吹色の襲衣裳をまとっていた少女を見かける場面が出てきます。

その少女こそが後に最愛の女性となる紫の上。山吹色が二人の恋を色鮮やかに描き出しています。

黄色が話題になったときなど、「ああ、山吹色がきれいだね」と言って、源氏物語のこの話をすると、色彩感覚とともに知性がこぼれ出るように思います。

ちなみに山吹の花の色は黄金にも似ていることから、「**黄金色**（こがねいろ）」とも呼ばれます。江戸時代の隠語では、賄賂の小判が「山吹」と呼ばれていた、なんて話もあります。

黄色系だとほかに、「**朽葉**（くちば）**色**」「**女郎花**（おみなえし）**色**」といった呼び名も情緒がありますね。

花や木、草の名を冠した色の名称は、実にたくさんあります。

ピンク系なら「**桜色**」「**桃色**」「**撫子**（なでしこ）**色**」「**牡丹色**」、青系なら「**勿忘草**（わすれなぐさ）**色**」「**露草色**」「**杜若**（かきつばた）**色**」「**浅葱**（あさぎ）**色**」、紫系なら「**藤色**」「**菫**（すみれ）**色**」「**菖蒲色**」「**桔梗**（ききょう）**色**」、緑系なら「**柳色**」「**草色**」「**常磐**（ときわ）**色**」「**若草色**」「**萌葱**（もえぎ）**色**」「**松葉色**」、茶系なら「**胡桃色**」「**小麦色**」といった具合に。

また果物や野菜など、食べ物の名前を冠した色もけっこうあります。「**蜜柑色**」「**人参色**」「**檸檬色**」「**杏色**」「**卵色**」「**柿色**」「**葡萄茶**（えびちゃ）**色**」などなど。

このように、さまざまな色の名を覚えておくと、表現がより豊かになります。クレヨンの十二色とか二十四色でストレートに言うかわりに、多彩な和名を駆使してみるのも一興でしょう。

詩人の色彩感覚に学ぶ

詩人というのは、色で情景を描写する天才でもあります。文章のなかに何かの色があるだけで、読む者の想像力がかき立てられるのです。

Q

①は中原中也、②は高村光太郎の詩です。空欄に当てはまる色を、選択肢から選んでください。

①幾時代かがありまして
□□い戦争ありました

②わたしの手からとつた一つのレモンを　あなたのきれいな歯ががりりと噛んだ
□□□□いろの香気が立つ

A

①茶色　②トパアズ

中也の詩の①のフレーズは『サーカス』という詩のなかに出てきます。「本人から直接話を聞いた」と言う音楽評論家の吉田秀和さんによると、「**茶色い戦争**」と表現した中也の頭にあったのは、満州事変のときの情景だったそうです。大陸の砂塵のなか、日本軍が侵攻していく様を想像したのでしょう。

大変な時代を振り返りつつ酒盛り、みたいなときに自分なりに過去の色をアレンジしてつぶやいてみる感じで使えます。「幾時代かがありまして　赤い火花散る争いがありました……って感じだね。あのころを懐かしみながら、大いに飲んで盛り上がろうじゃないか」というふうに。

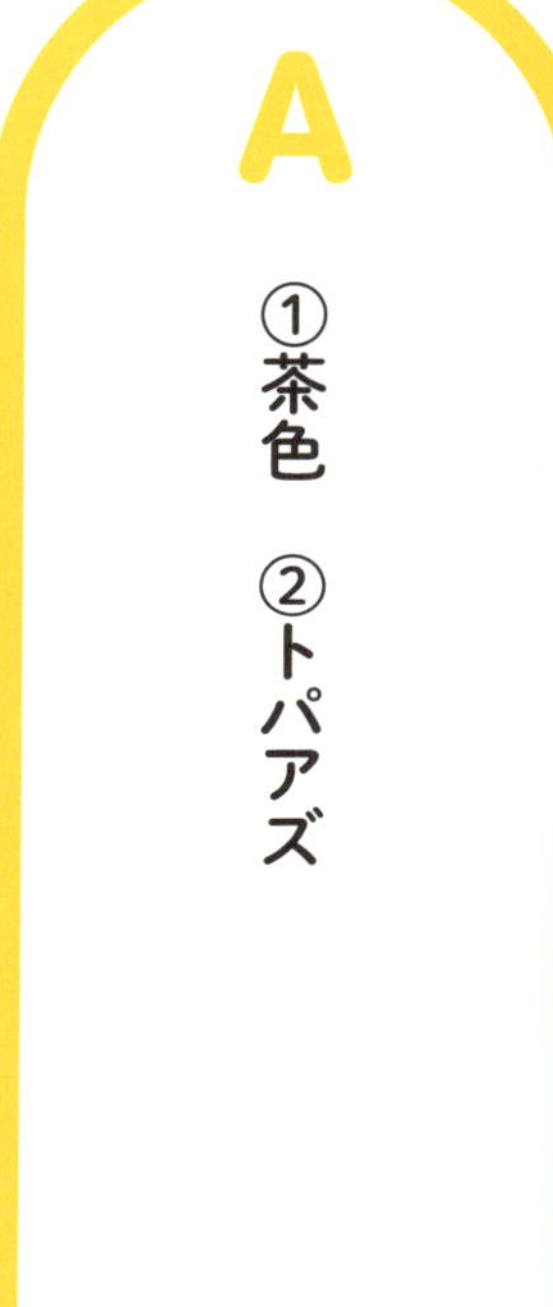

高村光太郎の②のフレーズは『レモン哀歌』という詩のなかに出てきます。前段に「**そんなにもあなたはレモンを待つてゐた　かなしく白くあかるい死の床で**」とあって、妻の智恵子が死の床でレモンをかじる鮮烈な情景が描かれています。

智恵子はレモンの汁で一瞬、意識が正常になって、旅だっていったのでした。そのレモンから立ち上る香気を「**トパアズいろ**」と表現するとは、あまりにも美しい！

みなさんも激しい運動をした後などに、レモンをガリリとかじった経験があると思います。疲れも吹き飛び、気分も爽快になったのでは？　もし、そういう場面があったら、ぜひこのフレーズをつぶやいてみてください。かいた汗の〝じめじめ感〟がキラキラした宝石のトパーズの色のように変わりますよ、きっと。

ほかにも、谷川俊太郎さんに『今はバラ色が好き』という詩があります。「**菜の花の小さな黄色**が好き」「ねころんで見上げる**空の青**が好き」「消えかかる**虹の七色**に……」などのフレーズもあって、心模様がとてもカラフルに表現されています。

「バラ色」は「**バラ色の未来**」とか「**バラ色の新婚生活**」といった言葉があるよう

に、未来が明るく、幸福や希望に満ちているイメージがあります。うれしいことがあったとき、「**今はバラ色が好き！**」と言い放ってみては？　周囲の人たちは唖然とするかもしれませんが、そこでひと言。「谷川俊太郎の詩なんだよ」――。ともすれば陳腐に聞こえてしまいそうな「バラ色」が、格調高い印象をもって受け入れられるでしょう。

ときには色の表現との出合いを求めて、詩集をパラパラとめくってみてください。「これ、使ってみたい」と思う秀逸な表現が見つかるはずです。知的なひとときを楽しみながら、語彙が増えるのですから、一石二鳥というものです。

歌謡曲の色表現に注目！

みなさん、カラオケで歌謡曲を熱唱して楽しむ機会が多いでしょう。その歌謡曲の世界観を形成している重要な要素の一つが「歌詞」だと思います。

詩人と同様、作詞家の使う言葉は味わい深いもの。歌詞が織りなす情景に浸りつつ、使える言葉を学ぶことも可能です。ここでは「色」に特化して見てみましょう。

Q

①は絢香さん、②はさだまさしさん、③はいきものがかり、④は高橋真梨子さん、⑤は小椋佳さんが歌っている曲。空欄に当てはまる色を、選択肢から選んでください。

①綾香さんの歌「□□いろ」では、この色の雨が降り注ぎます

②さだまさしさんの「精霊流し」でお母さんが着ていた着物の色の□□色

③いきものがかりの「□□の約束」では陽だまりの色も□□

④高橋真梨子さんの名曲のひとつに「□□吐息」があります

⑤小椋佳さんが「シクラメンのかほり」の中で清しいとしているのは□□色

A

①にじいろ　②浅黄色　③茜色　④桃色　⑤真鍮色

絢香さんの歌**『にじいろ』**に出てくるのは「**にじいろの雨**」。雨上がりの空に架かる七色の虹に、前を向いて生きていく心のきらめきを感じます。かなり古いけれど、中村晃子さんの歌に『虹色の湖』があって、その湖は「幸せが住むところ」と定義されています。

つらいとき、苦しいとき、悲しいとき、いまは雨のなかにあっても虹色を見出すことって、大切ですよね。「人生、いまはどしゃぶりだけど、絢香の歌にあるじゃない。虹色の雨って。じきに良くなるよ」とか、「どこかに虹色の湖があるさ。昔の歌によると、幸せが住むらしいよ。そこに向かっていこう」などとつぶやくと、明るい気持ちになれそうです。

さだまさしさんの『精霊流し』に出てくる「**浅黄色**（あさぎ）」は、一年前に亡くなった恋人の愛したお母さんが、精霊流しの日に着ていた着物の色。平たく言えば「みずいろ」、薄い藍色のことです。「わずかの間に年老いた」お母さんの寂しそうな様子を象徴するようで、「さすが、さだまさしさん」とうなりたくなります。

ほかの歌を見ても、色の表現が豊か。たとえば『案山子（かかし）』では「この町を**綿菓子**（わたがし）**に**」、『秋桜（こすもす）』では「**薄紅**（うすべに）**の秋桜が**」、『檸檬』では「**金糸雀**（かなりあ）**色の風**」など、色が歌詞に情緒を添えています。

それはさておき、浅葱色（浅黄色）が庶民に広まったのは江戸時代のこと。下級武士が浅葱木綿の羽織裏をよく着ていたとか。それで吉原の遊郭では、無粋な男性のことを「浅葱裏」とからかったとも伝えられています。新撰組の羽織の色としても有名ですね。

私たちが使うときは、岡本かの子の『食魔』にある「**古都の空は浅葱色に晴れ渡っている**」というような感じがいいかと思います。

いきものがかりの『茜色の約束』に出てくるのは「**茜色した陽だまり**」というフ

レーズ。続いて「無口な風」なんて擬人化された表現もあって、まさに詩的な情景が広がりますよね。

高橋真梨子さんの『**桃色吐息**』は、タイトルがそのまま色彩世界。続く歌詞にも「**海の色**」に染まるワインとか、素肌が「夕焼けになる」、「きらびやかな夢」などがあり、恋する心情をさまざまな色で表現しています。

こういう感覚は〝恋バナ〟に使えます。「あー、恋に落ちちゃった。桃色吐息の日々よ」「夕暮れどき、彼と海辺のレストランで食事してね、素肌は夕焼けに、ワインは海の色に染まって、まさに『桃色吐息』のロマンチックなひとときだったわ」というふうに。

「桃色」の起源は古く、万葉集にもすでに紅花で染めた色を「桃花褐（つきそめ）」とする記述が見られます。大伴家持の歌にも「**春の苑（その）　紅にほふ　桃の花　下照（したで）る道に　出で立つをとめ**」というものがありますね。いまはたいてい「ピンク」と表現しますが、ときには「桃色」を使ってみてはいかがでしょうか。ちょっと色っぽい感じが表現できます。

小椋佳さんが作詞作曲し、ご自身でも歌われる『シクラメンのかほり』では、シクラメンの色が三つ出てきます。一番が「**真綿色**」で、「これほどすがすがしいものはない」とし、二番の「**うす紅色**」は「これほどまぶしいものはない」、三番の「**うす紫**」は「これほど淋しいものはない」としています。それぞれのシクラメンから連想されるのが、出会ったときの君であり、恋するときの君、後ろ姿の君なのです。何と美しい表現であることか……！

とりわけ「真綿色」は、小椋さんが編み出した色表現と言ってもいいでしょう。何色にも染まらない、「**白無垢**（しろむく）」にも似た純粋さを感じさせるので、自分の純粋な心情を表わすときに使ってみたくなりますよね。「心は真綿色。これからは経験を重ねて、また違ったきれいな色に染めていきたい」といった感じで使えます。

歌謡曲の歌詞には、こういった斬新な色表現がたくさんあります。思いつくところでは、歌のタイトルだけでも松田聖子さんの『**青い珊瑚礁**』『**白いパラソル**』『**赤いスイートピー**』、安全地帯の『**ワインレッドの心**』、酒井法子さんの『**碧いうさぎ**』、スガシカオさんの『**黄金の月**』、太田裕美さんの『**赤いハイヒール**』、桑田佳祐さんの『**白い恋人達**』、谷村新司さんの『**群青**（ぐんじょう）』、ヴィレッジ・シンガーズもしくは島谷ひとみさんの『**亜麻色の髪の乙女**』などなど。みなさんもぜひ「色」の観点から、歌謡曲を味わい直してみてください。

宮沢賢治の「オノマトペ」をマネる

「オノマトペ」という言葉を知っていますか？　ここ数年でかなり市民権を得てきた感がありますが、もともとはフランス語。ようするに「擬声語」「擬音語」「擬態語」の総称です。

日本語はこのオノマトペに富んだ言語。分厚い辞書が編集されるくらい、多くの語彙があります。その最大の効果は、細かい説明をしなくても、イメージで状況を端的に表現できることでしょう。

たとえばマンガに「ガーン」の文字が大きく書かれていれば、「すごく大きなショックを受けたんだな」と一発でわかりますよね。また同じ笑い方一つとっても、「ガハガハ」「クスクス」「ワッハッハ」「ニヤニヤ」「ムフムフ」「カッカッカッ」

「ケタケタ」などのオノマトペを加えると、笑う人の心情までも汲み取れます。

これは表現として、使わない手はありません。しかもオノマトペは、自分の感覚で創り出すことも可能。語彙のセンスを生かせるジャンルでもあります。

とりわけオノマトペに長けた人と言えば、宮沢賢治です。マネて使うもよし、参考にしてオリジナルを創るもよし。宮沢賢治の作品に使われているオノマトペを味わうことが、〝オノマトペ表現〟に磨きをかける一つの方法でしょう。

Q

宮沢賢治がつくった次の「オノマトペ」は、何を表現したものでしょうか。選択肢から選んでください。（　）内は作品名です。

①どっどどどどうど　どどうど　どどう（風の又三郎）
②キックキックトントン　キックキックトントン（雪渡り）
③すっこすっこ（葡萄水）　④　かぷかぷ（やまなし）
⑤キーイキーイ（カイロ団長）

A

①歌　②足踏みの音　③酒を呑む音　④笑い声　⑤あまがえるのいびき

作品を読んだことがない人には、ちょっと難しかったかもしれませんね。しかも〝賢治オノマトペ〟の多くは、賢治独自の創作なので、物語の展開や詩が描き出す情景とともに味わうのが本来です。

それでも〝賢治オノマトペ〟だけを抜き出して読んだり、音として耳で聞いたりするだけで、何となくおもしろみが伝わってくるのではないでしょうか。

Q①の「**どっどどどどうど　どどうど　どどう**」は、『風の又三郎』の冒頭に出てくる「オノマトペ」。いわば又三郎の〝登場曲〟のようなものです。このよくわからない歌とともに、又三郎が谷川の小さな小学校に、転校生としてやって来たの

です。もっとも「風の音」としても、あながち間違いとは言えません。続くフレーズに「青いくるみも吹きとばせ　すっぱいくゎりんもふきとばせ」とあるので、まさに強風とともに又三郎が現われた、という印象を受けます。

これは非常に力強いオノマトペなので、使える場面はけっこうありそう。

気合を入れるときに「どっどどどどうど　どどうど　どどう……とやっちゃおう」。

みんなが困っているところへ「どっどどどどうど　どどうど　どどう……と俺様の登場だい」と乗り出す。

呪文のように「どっどどどうど　どどうど　どどう」と繰り返しつぶやいて気分を高める。

そんな感じでトライしてみてください。

「風」は賢治の童話のなかで特別な存在のよう。目には見えないけれどたしかにある風に、何か不思議な力を感じていたのかもしれません。『風の又三郎』のほかの箇所では風が「**ざあっ**」「**どう**」などのオノマトペで表現されています。

また『いてふの実』には「北から氷のやうに冷たい透きとほった風が**ゴーッ**と吹いて来ました」、『シグナルとシグナレス』には「電信柱どもは**ブンブンゴンゴン**鳴り、風は**ひゅうひゅう**とやりました」などの表現が見られます。

Q②の「**キックキックトントン**」は、狐の紺三郎がうれしさの余り、足を踏み鳴らして踊り始めた様子を表わしたオノマトペです。リズミカルではずむようなイメージ。スキップしたいような気持ちになったとき、「キックキックトントンキックキックトントン……」のリズムにのせて跳ねてみては？ 心がいっそうはずんでくるのではないでしょうか。

Q③の「**すっこすっこ**」は、主人公の耕平が野葡萄の汁に砂糖を入れて密造酒をつくろうと考え、バレずにうまく出来上がって飲むときのことを想像する場面に出てくるオノマトペです。「**すっこすっこど葡ん萄酒呑む**」とは、いかにもおいしそうに飲み干している感じです。

これは無性に飲みたいときや、飲み会などで使えますね。「暑いねぇ、仕事帰りにすっこすっことビールといきましょうか」「君はほんとに酒好きなんだね。すっこすっこと、実にうまそうに飲むよ」といった具合に。

Q④の「**かぷかぷ**」は、ちょっと不思議なオノマトペ。カニの兄弟の会話に「クラムボンはわらったよ」「**クラムボンはかぷかぷわらったよ**」「**クラムボンは跳ねてわらったよ**」というような言葉が出てくるのですが、「クラムボンって何？」という感じです。

小さな物語の導入としては、なぜかしら引きつけられるものがあります。

私たちが「かぷかぷ」なるオノマトペを使う場面はありませんが、何となく酸欠で口をあわあわさせているイメージがあるでしょうか。たとえば間違いを指摘されたり、議論で追い詰められたりして、もう笑うしかなくなったようなときに、「○○はかぷかぷ笑ったよ」と言ってみると、その場の雰囲気が和むかもしれませんね。あるいは何が何だかよくわからなくなったときに、「ほとんど『クラムボンはかぷかぷわらったよ』状態だよね」などと、そのまま引用する手もあります。

Q⑤の「**キーイキーイ**」は、誰も聞いたことのないアマガエルのいびきの音を、賢治が想像してつくったオノマトペです。アマガエルたちは仕事帰りに初めてウイスキーを飲み、おいしくて何杯も飲んで、酔っ払って寝込んでしまったのでした。

何とも言えずユーモラスで、かわいらしい表現ですね。居酒屋などで飲み過ぎて寝ちゃった人に、「あれあれ、キーイキーイといびきをかいてるよ」と言うと、ほかの人たちはちょっと盛り上がりそう。「宮沢賢治の『カイロ団長』って話、知ってる？」と切り出して、話のネタにするといいでしょう。

賢治の作品にはこういったおもしろいオノマトペが満載です。ただ知らない人には通じないと思うので、〝賢治オノマトペ〟を使うときは「宮沢賢治だよ」とひと言、注釈を入れることをお勧めします。

自分の五感でキャッチする声や音、状態は、必ずしもみんなに理解されないかもしれませんが、そこはあまり気にせずに賢治よろしく、自分の感じたままをオノマトペにしてみましょう。表現の自由度が格段に高いのが、オノマトペの一番の魅力なのですから。

あと、メールなどでオノマトペを文字にするときは、コミックの表現を参考にするといいでしょう。視覚効果が上乗せされて、表現がより生き生きとしますよ。

第6章

「慣用句」「名文・名言」で伝える力をつける

会話に勢いをつける

「慣用句」とは、よく用いられている言い回しのこと。これを自由に操れると、会話に勢いが出るし、言いたいことをコンパクトに伝えることができます。

たとえば「いくら話を聞いても、いまひとつピンとこないから、君の考えを裏付けるデータを見せてよ」と言うときに、「**論より証拠だよ**」とスパッとまとめて言うと、話が早いですよね。あるいは周りにイヤな人がいたときに、「まったく、憎まれっ子、世にはばかるだよ」「同感、同感」というふうに、会話の相手と認識を共有しやすいし、気分が落ち着くというメリットもあります。

もっとも相手がその慣用句を知らないと、「え、何?」となって、説明するわずらわしさが加わり、かえってややこしいことにならないとも限りません。私も先日、「キュウソネコカミっていう名のバンドがあるんだけど、何だろうね、あれ」と言われて困惑してしまいました。

「あのバンド名はさ、「**窮鼠猫をかむ**」という慣用句を捩っていてね、ネズミも追い詰められるとネコに噛みつく、という意味だよ。窮地に立った人間って、必死になる分、自分より強い相手にも勝っちゃうことがあるでしょ」などと説明しているうちに、何だかつらくなってしまいました。そんなふうだと、話をコンパクトにする慣用句を使う意味がなくなります。

そうならないように、ことわざを含めた慣用句は、ある時期にまとめて覚えるとよいと思います。決して難しくはなく、多くはむしろおもしろい言い回しのものなので、覚えるうちに楽しくなってきます。すぐに使ってみたくもなります。

かつて日本人は「いろはがるた」を通して慣用句を自由に操るワザを身につけたもの。テキストの一つにするといいでしょう。

あと、慣用句は前の言葉を言われたら、次に続く言葉がするりと出てくることがポイント。たとえば「**藪から**」と聞いて、すぐに「**棒**」が出てくるようでないと、「あなた、日本人ですか?」となってしまいます。

余談ですが、外国人は日本語の慣用句を非常に難しく感じるようです。たとえば「**目くじらを立てる**」と聞くと、「え? 目にくじらがいるの?」と頭が混乱するんですね。同じ「目」で言うと、「**一目置く**」とか「**目をかける**」といった表現もピンとこないわけです。日本人は自然に覚えてきたので、「目くじらとは、目尻のこと」「一目は囲碁で一つ石を置いて打ち始めることに由来する」といった知識はなくとも、すんなり使えるのですが。

また会話に勢いをつける意味では、江戸っ子が得意にしていた付け足し言葉も押さえておきたいところ。「**驚き、桃の木、山椒の木**」とか「**おっと、合点承知の助**」みたいなダジャレ混じりのテンポのいい言葉で、会話に落語の世界にも似たおかしみが加わります。

さらにもう一つ、決め台詞に使いたいのが名言・名文の類い。教養というのは「多少知っている」ことが重要です。「平家物語や源氏物語などの古典は全部読んでないけど、冒頭は知っている。部分的には知っている」というレベルで、ちょっと引用できるのがいい。間違いなく、会話がはずみます。

本章では、怒濤のクイズラッシュ形式で進めていきましょう。

Q

江戸の「いろはがるた」にある慣用句、空欄に入る言葉は何？

Q

1

いつもと違ってやけにおとなしくしているが、「**盗人の□□**」かい？　何を企んでいるのか、言ってごらんよ。

ヒント 人は何の理由も思惑もなく行動しないもの。

A

昼寝

Q

2

せっかくがんばったのに、締め切りに遅れた？「**骨折り損の□□□□□□**」だったね。

ヒント 苦労や努力が水の泡。

A

くたびれ儲け

Q

3

目先のことだけ見ててもダメだよ。「葦（よし）の髄から□□□□□」とならないように、視野を広げることが大事なんだ。

ヒント 似た表現に「井の中の蛙大海を知らず」があります。

A

天井を見る

（または「天井を覗く」）

Q

4

ちょっとうまくいったからといっていい気になってると、「**月夜に**□□□□」ようなことが起きるから、用心が必要だよ。

ヒント 白昼堂々、空き巣に入られるようなもの。

A

釜を抜く

（「月夜に釜を抜かれる」と使うことが多い）

Q

5

人生はそう甘くはない。「**楽あれば**□□□」だよ。

ヒント 似た表現に「苦楽は生涯の道連れ」があります。

A

苦あり

Q
6
ほんのちょっとでも、データをいじるなど許されない。「**無理が通れば**□□□□□□」で、不正が組織中に蔓延してしまうよ。

ヒント 無理の反対語が入ります。

A
道理ひっこむ
（「道理が」と「が」を入れて言うことが多い）

Q
7
いまのコミュニケーションの主流はＬＩＮＥだよね。やってないの？「□□□□□**もご存知ない**」だね。

ヒント 世間の事情にうといこと。

A
芋の煮えた

Q
8
息子がなかなか定職に就かなくてね。「**子は**□□□□□」とはよく言ったものだね。

ヒント いくつになっても、親は子を見限れない？

A
三界（さんがい）の首枷（くびかせ）

Q

9

うちは家族全員、は虫類が好き。「**亭主の好きな**□□□□」ってね、ヘビとかトカゲを飼って、みんなでかわいがってるんだ。

ヒント 一家の主人の好みがたとえ変なものでも、家族は従うもの？

A

赤烏帽子（えぼし）

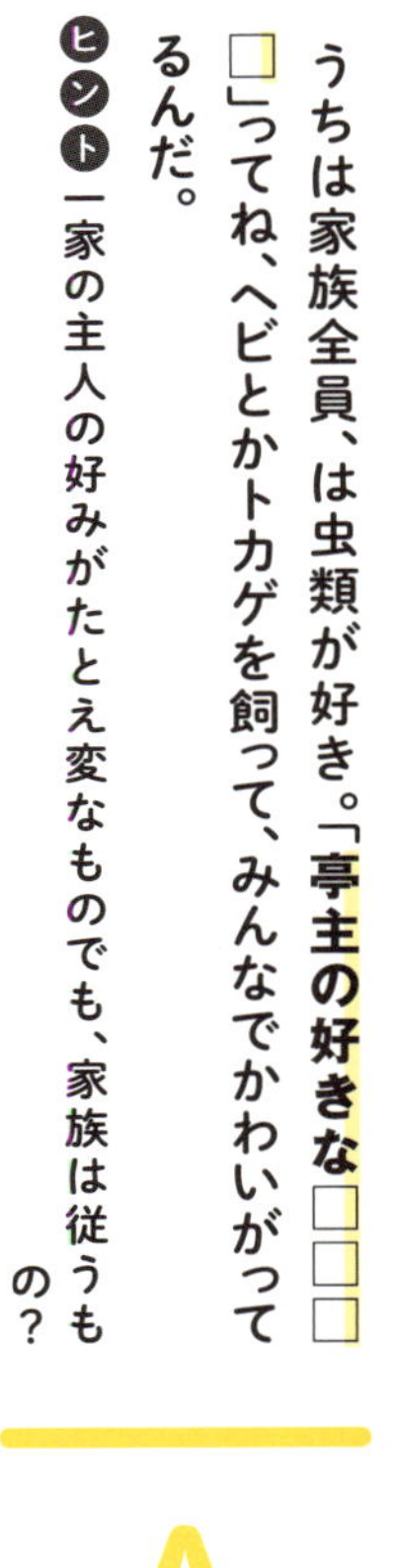

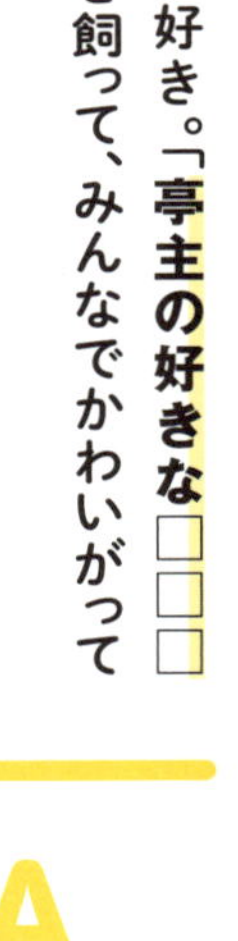

Q

10

昼休み前にもう一度、書類をチェックしよう。「**三遍回って**□□□□□」で、飯は後回しだ。

ヒント ちょっと休むことを「一服する」と言いますね。

A

煙草（たばこ）**にしょ**

Q

11

一流と言われる会社に就職したが、「**聞いて極楽**□□□□」。仕事がきつ過ぎる。

ヒント 現実の厳しさは、表面的なことだけを見てもわかりませんね。

A

見て地獄

Q

12

恋人を大切にしないから、フラれたんだよ。「身から□□□」だね。

ヒント「自業自得」ということです。

A

出た錆（さび）

Q

13

異動にならないかな。上司が細かくて「目の□□□」なんだよ。

ヒント 目上の人がうるさいと、ジャマに思いますよね。

A

上の瘤（こぶ）

Q

14

ワイン好きはいいが、ほどほどにしないと「粋（すい）が□□□□」ことになるよ。

ヒント 昔は遊里・遊芸に深入りして身代をつぶす粋人（すいじん）も少なくありませんでした。

A

身を食う

Q

15

教育の眼目は頭でっかちの「□□読みの□□知らず」を量産することにはない。

ヒント 知識はためることより、生かすことに意義があります。

A

論語（二カ所とも）

Q

16

彼の説明は「□□□に水」で、ちっとも頭に入ってこない。

ヒント 逆につかえながらしゃべることは「横板に雨垂れ」と言います。

A

立て板

Q

17

あいつにはいくら説教しても「二階から□□」で、イヤになるよ。

ヒント 「二階」ではなく「天井から」と言う場合もあります。

A

目薬

Q

18

大したことを言わない人に限って話が長い。まさに「**下手の□□□**」だね。

ヒント「長口上」とも言います。

A

長談義（ながだんぎ）

Q

19

「**□□□も信心から**」と言うし、験担（げんかつ）ぎは大いにしたほうがいいね。

ヒントつまらないものでも、いいものと信じればありがたく思えてきます。

A

鰯の頭（いわしのあたま）

Q

20

行動しなきゃ、何もできないさ。「**□□□□は生えぬ**」だよ。

ヒントこれをしなければ植物は芽を出しません。

A

蒔（ま）**かぬ種**

Q

21

お金欲しさにやりたくない仕事はやらない。「**武士は**□□□□□□□」だよ。

ヒント やせがまんすることのたとえ。

食わねど高楊枝（たかようじ）

Q

22

飲み会中に呼び出されて「**足元から**□□□□」ように帰って行った。

ヒント 意外なことが起こったときにもこの言い回しを使います。

A

鳥が立つ

Q

23

私の苦労など誰も知らない。まるで「□□□**の舞**」だわ。

ヒント 家のなかでも日陰の場所です。

A

縁の下

Q

24

その件については「**餅**(もち)**は□□**」、専門家の君に任せるよ。

ヒント「菓子は菓子屋」「米は米屋」「豆腐は豆腐屋」ですよね。

A

餅屋

Q

25

あなたは小さいときと変わらず食いしん坊ね。「□**百まで**□□**忘れず**」だわ。

ヒント 習慣はなかなか抜けないものです。

A

雀、踊り

Q

次の会話文にあてはまることわざ・慣用句は何？
空欄を埋めてください。

Q

1

ここで挫（くじ）けちゃダメだ。「**雨だれ□□□□□**」と言うように、根気よくやれば、いつかきっとうまくいく。

A

石をうがつ

Q

2

「あの仕事もやりたい。この仕事もやりたい」って、ちょっと欲張りじゃない？「**□□□□□者は□□をも得ず**」で、結局はどちらも中途半端になるだけだ。一つに絞ろうよ。

A

二兎（にと）を追う、一兎

Q 3

競馬で大穴狙い？　うまくいけば「**濡れ手で□**」だよねぇ。

A

粟（あわ）

Q 4

あんなリスクの高い仕事に手を挙げるなんて、「**火中の□□□□**」ようなものだ。何の得にもなりゃしない。

A

栗を拾う

Q 5

ずいぶん辛抱を重ねたが、「**待てば□□の□□あり**」、やっとチャンスが廻ってきたような気がするよ。

A

海路、日和（ひより）

Q

6

悪いことをすれば天罰が下るものだよ。今回はうまく逃げたつもりでも、いずれ悪事はバレる。「□□□□疎にして漏らさず」だ。

A

天網恢恢

Q

7

君とは「□□相照らす」仲だ。今夜も腹蔵なく語り合おうじゃないか。

A

肝胆

Q

8

彼女はよほど心配していたのだろう。問題が解決して、ほっとしたようだね。「□□を開く」って、ああいう表情を言うんだね。

A

愁眉

Q

9　失恋した彼はしょげ返って、まさに「□□に塩」のありさま。食事する気にもなれないくらい、こたえたみたいだ。

A

青菜

Q

10　仕事が手一杯だったので、彼女の「手伝いましょうか」のひと言はうれしかった。「渡りに□」とお願いしたよ。

A

船

Q

11　イベントは大盛況で、会場は満員電車並みの混雑。「□□の余地もない」くらいだった。

A

立錐（りっすい）

Q 12

ＳＮＳは自分を売り込むのにもってこいのツールだが、下手すると炎上を招くこともある。まさに「□□の剣」だね。

A

諸刃（もろは）
（または「両刃」）

Q 13

ベテランのあなたには「□□に説法」ですが、一つ説明させていただきます。

A

釈迦（しゃか）

Q 14

相手が乗り気のいまこそ、契約を取る絶好のチャンス。「鉄は□□□□□□□」だ。できるだけ早く商談のアポイントを取ってくれ。

A

熱いうちに打て

Q 15

グローバル化がどんどん進展しているのだから、英語くらい「□□□□□**の物**」として使いこなせなくてはいけない。

A

自家薬籠中（じかやくろう）

Q 16

もう何年もテニスをしていなかったが、再挑戦してみるか。「**昔取った**□□」で、すぐにカンを取り戻せるだろう。

A

杵柄（きねづか）

Q 17

あんなに目をかけてやった部下なのに、ライバル会社に引き抜かれちゃった。「□**を貸して**□□**を取られた**」気分だよ。

A

庇、母屋（ひさし、おもや）

Q

18

あいつは口が軽いし、お金に汚いから、「□□**身中の□**」だね。極秘情報は決して彼に漏らしてはいけないよ。

A

獅子、虫

Q

19

ライバル社のトラブルは、決して「**対岸の□□**」ではない。「**□を踏む**」ことのないよう、気を引き締めていこう。

A

火事、轍（てつ）

Q

20

いまの若手はなかなか優秀だ。「□□**畏**（おそ）**るべし**」、侮っていると追い抜かれるぞ。

A

後生（こうせい）

Q 21

この企画、頭で考えただけじゃあないの？「□□の□□」で、実効性がないと思うんだよね。

A

机上、空論

Q 22

彼女は「歯に□□□□」物言いをするよね。ちょっとおっかないけど、遠回しにイヤミを言われるよりマシかもね。

A

衣着せぬ

Q 23

彼はかなりできる男だね。どんな問題を振っても、「□から□へ抜ける」ような答えが返ってくるんだから。

A

目、鼻

Q

24

彼女は新聞や雑誌で書評のページを見ると、「□□□□**た まらず**」本屋に走って、買ってくるんだって。大変な読書家だよね。

A

矢も盾(たて)も

Q

25

平日の昼間の集客を考えないといけないね。その時間帯は、店も「□□□**が鳴く**」不入りだからね。

A

閑古鳥(かんこどり)

Q

26

スポンサードを続けるかどうか、揉めに揉めたけれど、社長の「□**の**□□」で継続することに決まったよ。

A

鶴、一声(ひとこえ)

Q

27

取引先の社長がすごい剣幕で怒ってね。どうやら契約書に不備があったのに、そのまま提出して、「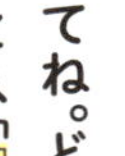**を踏んだ**」らしい。

A

虎の尾

Q

28

潔癖なのはいいことだが、「□**清ければ**□**棲まず**」で、あんまり融通がきかないようだと人に嫌われるよ。

A

水、魚

Q

29

私ごときが何の役にも立てないと思いますが、「□□□**も山のにぎわい**」で出席させていただくことにしました。

A

枯れ木

30

人のことばかりにかまけて、自分のことがおろそかになってるよ。それじゃあ、「**□□の白□**」だ。

紺屋（こうや）、袴（ばかま）

Q

次の会話の太字の部分を付け足し言葉に言い換えてください。

Q

1

「メジャーデビュー早々、大谷翔平選手が二試合連続でホームランを打ったね」

「まったく**恐れ入りました**、だね」

ヒント 「入り」を「入谷」にかけて、安産の神様が祀られるお堂の名を続けます。

A

恐れ入谷の鬼子母神

Q

2

「最近、彼女とうまくいってる?」

「まぁ、**口に出して言えない**ね。察してよ」

ヒント 花と言えば桜。桜の名所と言えば奈良県の……。

A

言わぬが花の吉野山

Q

3

「今晩、つき合ってよ。酒、おごるよ」
「どういう風の吹き回し？　どうせ下心があるんでしょ。**その手には乗らないよ**」

ヒント　三重県・桑名の名物と言えば……。

A

その手は桑名の焼き蛤（はまぐり）

Q

4

「君のためを思って忠告しているのに、**知っていながら知らない振りをするのか**」

ヒント　「どこの誰べエだい？」みたいな言い方がありますよね。

A

知らぬ顔の半兵衛さん

Q

5

「やけにのんびりしてるけど、締め切りに間に合うの？」
「**当たり前ですよ**、余裕、余裕」

ヒント　「リキ」の音を繰り返して、語呂を良くしています。

A

あたりきしゃりきよ、車引き

Q

6 「いま言ったこと、本当だろうね」
「すみません、**ウソをつきました**」

ヒント 東京に「つき」の付く地名がありますね。市場と寺のあるところです。

A

嘘を築地の御門跡（ごもんぜき）

Q

7 「ちょっと、こっちに来てくれ」
「**何か用か?**」

ヒント 「用か」を「八日」に掛けて、次の日は……。

A

何か用か、九日（ここのか）**、十日**（とおか）

Q

8 「そんな悪さばかりしていると、ろくなことにはならないよ」
「**神仏に懲らしめられる**って？　受けて立つさ」

ヒント 太鼓を打つ道具を何という？

A

ばちが当たれば太鼓で受ける

Q

9

「今日のごちそうは口に合った?」
「とても**おいしかった**よ」

ヒント「うま(馬)か(勝)った、牛負けた」の忠臣蔵バージョンです。

A

大石勝った、吉良(きら)負けた

Q

10

「残業続きで大変だけど、体は大丈夫?」
「僕は頑丈だからね、この程度の残業は**ものともしない**よ」

ヒント「へい」を重ねて語呂合わせ。

A

平気の平左衛門

Q

次の会話文で引用されている、日本文学の名文もしくは日本人の名言は何？
空欄を埋めてください。

Q

1

人間関係って、本当に難しいよね。「□に働けば□が立つ。□に□させば流される。□□を通せば□□□だ」で、下手に立ち回ると、こっちがやりにくくなる。

A

智、角（かど）、情、棹（さお）、意地、窮屈
（夏目漱石『草枕』冒頭より）

Q

2

管理職になったら、人を動かすコツを覚えないとね。「□□□みせ、言って聞かせて、させてみせ、□□□やらねば、人は動かじ」、これに尽きる。実践あるのみだ。

A

やって、ほめて
（海軍大将、山本五十六の言葉）

Q

3 せっかくの連休だったけど、どこにも出かけなかったよ。兼好法師よろしく、「□□□**なるまゝに、**□□□□**、硯にむかひて**」ってさ。まぁ、僕の場合は硯に向かうこともなく、一日中、ただごろごろしてただけだけど。

A

つれぐ、日くらし
（『徒然草』冒頭より）

Q

4 うちの会社はコンプライアンスを守ることに対して甘過ぎる。「**日本を今一度、**□□□□**いたし申候事**（もうしそうろうこと）」って言った坂本竜馬にならって、僕らも「わが社を今一度、□□□□する必要があるよ」（ひらがなで）

A

せんたく
（竜馬の姉に宛てた手紙より）

Q

5 売り上げが上がらないのは景気が悪いから？ そうだとしても、「□□**もよし、**□□**もよし**」と考え、現状を素直に受け入れようよ。不景気を逆手にとってできることだってあるはずだ。

A

逆境、順境
（経営の神様、松下幸之助の言葉）

Q

6

平穏無事な日がずーっと続く人生なんてありえないよ。諸行無常、「**□□□□□□は絶えずして、しかも□□□□にあらず**」だよ。そこがわかっていれば、世の中がどう変わろうと、心がざわつくこともないさ。

A

ゆく河の流れ、もとの水

（鴨長明『方丈記』冒頭より）

Q

7

「人生百年時代」と言われるけど、天に生まれた者は八百歳で一日を終え、八千歳まで生きるんだって。それに比べたら、人間の一生なんて一瞬だね。信長が「**□□□□□、化天（げてん）の内（うち）をくらぶれば、□□のごとくなり**」と謡い舞ったように、死の覚悟を持って力強く生きていきたいもんだよね。

A

人間五十年、夢幻（ゆめまぼろし）

（『幸若舞（こうわかまい）　敦盛（あつもり）』より）

Q

8

仕事ができる・できないに関わらず、どんな人にも学べることはあるんじゃない？「**□□は□□のてほん、□□は□□のてほんなりとくふうすべし**」ってね。自分ができる人間だからと、できない人を見下すものではないよ。そういう態度が慢心につながるんだから。

A

上手（じょうず）、へた、へた、上手

（世阿弥『風姿花伝』より）

Q

9

どんなに生活が苦しくても、借金だけはしちゃダメだよ。まさに「**世の中に、仮銀の□□程おそろしき物はなし**」。金言だね。

A

利息

（井原西鶴『日本永代蔵』より）

Q

10

暴飲暴食に夜更かし、働き過ぎ、遊び過ぎ……何事もほどほどでないといけない。貝原益軒流に言うなら、「**わが身を□□□□物を去べし**」だね。

A

そこなふ

（『養生訓』より）

Q

11

自分は本当に欲まみれだなぁと思う。西郷隆盛が「**□もいらず、□もいらず、官位も□もいらぬというような人物は始末に困るものである**」って言ってるけど、そういう人にならなきゃ、大事を成し遂げることはできないんだよね。

A

命、名、金

Q 12

何をためらっているの？　何事もやってみなければわからないでしょ。サントリーじゃないけど、大事なのは「□□□□□□□□」精神だよ。

A **やってみなはれ**（鳥井信治郎の言葉）

Q 13

ここ数年、苦労続きだったね。ようやく明るい兆しが見えてきた。「**□□の長い□□□□を抜けると雪国であった**」みたいな感じ？　いや、雪国じゃないな。ひとひねりして、「大海原が広がっていた」って心境だね。

A **国境**（くにざかい）**、トンネル**（川端康成『雪国』冒頭より）

Q 14

あの会社はビッグプロジェクトが成功したし、このところ飛ぶ鳥を落とす勢いだね。でも「**□□□□人も久しからず、唯**（ただ）**春の夜の□のごとし**」で、うかうかしてるとすぐに勢いが失墜するよ。

A **おごれる、夢**（『平家物語』冒頭より）

Q

15

僕の技術はまだまだだ。「能能（よくよく）□□あるべし」だね。宮本武蔵は□□を「千日の稽古を鍛とし、万日の稽古を錬とす」って定義してるんだよ。

A

鍛錬

（『五輪書』より）

Q

次の五つの会話で引用されているのは、〝外国発〟の名言・名文です。空欄を埋めてください。

Q

1 いままで生きてきたなかで、昨日ほど幸せを感じたことはないね。思わず「□よ止まれ、お前は□□□」と叫びたくなったくらいだ。

A

時、美しい
（ゲーテ『ファウスト』より）

Q

2 だらだらと一日を過ごすのはもったいないよ。「□□**の失せ物は、間違っても**□□□□**ことなし**」で、取り返しがつかないんだ。

A

時間、見つかる
（フランクリン『富に至る道』より）

Q

3

選択肢が二つあって、迷いに迷ってる。「**Aにすべきか、Bにすべきか、それが□□だ**」の心境だね。

A

問題

（シェイクスピア『ハムレット』より）

Q

4

これまで成功したこと、失敗したこと、いろいろあったが、すべてを引き受けて今後に向けての覚悟を決めよう。「**よし！　それなら□□□□**」の心意気で。

A

もう一度

（ニーチェ『ツァラトゥストラ』より）

Q

5

ここで上司に意見したら、何らかの処分を受けるだろう。でも誰かが注進しないと、何も改善されない。「**一粒の□、地に落ちて死なずば、唯一つにて在らん**」だ、私が喜んで犠牲になるよ。「**もし死なば、多くの□□□□べし**」だからね。

A

麦、実を結ぶ

（『新約聖書』より）

第7章

「カタカナ語」でさらに語彙力がつく

カタカナが日本語の奥行きを深める

日本語の表記には、漢字・ひらがな・カタカナの三種類があります。カタカナはひらがなと同様、漢字からつくられたもの。「阿→ア」「伊→イ」「宇→ウ」といった具合に、漢字の一部を取っています。

時を遡ること平安時代初期、奈良を本拠とする南都仏教の学僧たちの間で、経文に訓点を加えるために、万葉がなを簡略化して用いられたのが始まりだとされています。といっても、字体が一つに定められたのは一九〇〇年ごろのこと。いまではおもに外来語やオノマトペの表記に使われています。

そのカタカナは日本語にとって、「世紀の発明」と言ってもいいくらい。とくに近年は、外国の言葉がどんどん流入するようになっていますから、いちいち日本語（漢字）に置き換えるのは大変。意味さえ理解すれば、外国語のままカタカナ表記をしたほうがスッキリ表現できる場合が多いのです。

なかには「〝カタカナ語〟をあんまり頻繁に使わないほうがいい」と考える方も

おられると思いますが、それはちょっと頑なような気がします。日本人は元来、中国語という外来語をどんどん引き入れて、漢字の熟語を使いこなしていまに至っている、その柔軟性こそが日本語の良さでもあると思うのです。

おそらく今後、〝カタカナ語〟があることで、日本語はいっそう奥行きを深めていくのではないでしょうか。

本章では、多くの人が「世間で使う人が増えてきたようだけど、自分でまだ十分に理解して使いこなせていないかも……」と思っている、言ってみれば〝グレーゾーン〟にある外来語を集めました。

「日本語に言い換えようとすると、逆にまどろっこしくてわかりにくいものだね」ということを実感しながら、外来語を使う練習をしていただければと思います。ぜひ積極的に、日本語の土俵で外国語を使いこなしてみましょう。

ここも怒濤のクイズラッシュ。サクサクと解いていってください。

Q

次の文章中の太字部分を〝カタカナ語〟に言い換えてください。
上段の文章を通して、〝カタカナ語〟の意味と用例が学べる仕掛けになっています。
また〝カタカナ語〟の最初に来る文字で、五十音の行別に整理しています。
ヒントにしてください。

ア行

Q

すべての業務を自社で行ったり、大量の正社員を抱え込んだりするより、**業務の一部を他企業もしくは専門家に委託**するほうが効率的ではないかと思う。

A

アウトソーシング

Q

目標を達成させるべく、**社員にやる気を起こさせる動機付け**として、成績優秀者に報奨金を与えることにしよう。馬の鼻先に人参をぶらさげるようなもんだね。

A

インセンティブ

Q

最近はテレビ局も「決められた時間に決められた番組しか見られない」のではなく、**利用者の注文・要望に応じてサービスを提供する機能**の充実に注力してるね。

A

オンデマンド

Q

航空業界ではここのところ、**企業がそれぞれ自立的な立場を維持しながら対等に提携する形での国際的企業連合化**が進んでいるね。業界全体を底上げするためにはベストな方策らしいよ。

A

アライアンス

Q

あのデザインは、**アイススケート靴の金属の刃や、卓球台のへりの部分などのように鋭い視点**が効いていて、刺激的だね。

A

エッジ

Q

イベントは半年後に迫っている。**日程と手順を決めた具体的な行動計画**を早急に仕上げなくてはいけないね。

A

アジェンダ

Q

日本には長らく「お上意識」があったけど、そんなのはもう古い。**国民に代わって行政活動を監視し、苦情処理する人**を置いて、制度化する時代だよ。

A

オンブズマン

ＳＮＳで情報発信するのはいいけれど、誹謗中傷されることも少なくないよね。だから、いちいち**自分のコメントに対してどんな評価や反応があったかを確認**するなどして、あんまり気にし過ぎないほうが身のためだよ。

A

エゴサーチ

Q

コンピュータに機能を絵文字にして表示したものがあるでしょ。うちの社を象徴するようなキャラを持つ彼は、まさにそれだね。

A

アイコン

Q

健康志向が高まってきて、近所のスーパーでも**化学肥料や農薬を使わない野菜や添加物・人工甘味料などを含まない食料品**が多く扱われるようになったね。

A

オーガニック

Q

医療はいろんな職種の人が連携してチームで取り組むのが理想でしょ。**治療や検査にあたってどのような処置を行うのか、その実施内容や順序を示したスケジュール表**は必要だと思うな。

A

クリニカルパス

Q

患者の治療方針を決めるうえで、**その治療がなぜ適切なのか、効果が期待できるのかを示す臨床結果や科学的根拠など**がしっかりしていなければならない。

A

エビデンス

カ行

Q

治療や手術を行う際には、**医師が患者さんの病気についてよく説明し、それを患者さんが理解・納得したうえで同意する**、というプロセスが重要だ。

A

インフォームドコンセント

Q

個別の問題は後で議論することにして、まずはプロジェクト全体を俯瞰して眺め、**長期的に遂行されるべき大規模な計画**を見直してみよう。

A

グランドデザイン

Q

会議でベストな結論に導くには、社内の**みんなの意見や考えの一致**を得ることが大切だ。

A

コンセンサス

Q

企業スキャンダルが多発するなか、当社も**法令や規則、社会規範、企業倫理など**を守ることを徹底させなくてはならない。

A

コンプライアンス

Q

あの会社は不祥事を起こして、**組織を統治していくための管理・監督機能**が崩壊したみたいだ。

A

ガバナンス

Q

やりたいことがあるけどお金がないってときは、**インターネットを通じて不特定多数の人に自分のやりたいこと、必要な資金を発信して、賛同してくれる人を募り、資金を集める方法**があるよ。

A

クラウドファンディング

Q

部の方針に則って、私たちもこの件に関しては**ある程度の責任をもって関わっていくことを決意表明**しよう。

A

コミット

サ行

Q

この事業を成長軌道に乗せていくために、**どう戦うべきか、大局的な見地からの戦略**を示してくれ。

A

ストラテジー

Q

経営においては、**消費者、従業員、株主、取引先、地域社会、行政機関など、企業活動に関係のあるすべての利害関係者**に対して、配慮を怠ってはいけない。

A

ステークホルダ

Q

新規ビジネスを始動するにあたって、利益を出すための**全体的な枠組みのともなった計画**を練り上げて欲しい。

A

スキーム

Q

君のレポートは興味深いが、長大過ぎる。**要旨を簡潔にまとめたもの**をペラ一枚にして提出してくれ。

A

サマリー

Q

この会議の場で提案して欲しいのは新しいアイデアなんだよ。そんな**型にはまった見方や考え方に基づく紋切り型**のアイデアは求められてないよ。

A

ステレオタイプ
(ステロタイプ)

Q

会議では、声の大きな人の意見に左右されないようにしないとね。その意見に賛成する人は実は少数だったりするから。それよりも**積極的に発言しないけれども別の意見を持っている大多数の人たち**を意識することが大切だ。

A

サイレントマジョリティ

Q

この件に関して、**種々の問題を解決する形での提案**を考えてみたい。

A

ソリューション

Q

海外事業部は規模も業務も拡大してきたから、**独立させて子会社をつくること**になるようだ。

A

スピンオフ

Q

女性の意に反した、女性が不快に思う性的・差別的言動は許されないよ。「ジョークじゃないか」なんて言い訳は通用しないんだ。部下に対しても同じ。上司風を吹かしていると、**権力や暴力を用いたいやがらせ**だと問題になるよ。

A

セクハラ（セクシャルハラスメント）、**パワハラ**（パワーハラスメント）

Q

最近は物騒でさ、**クレジットカードなどの磁気情報を盗み取って偽造カードをつくる犯罪**が増えてるそうだよ。気をつけなくちゃね。

A

スキミング

タ行

Q

担当医師から治療方針を聞いたけれど、それがベストかどうか悩んだり、いくつかの選択肢を与えられて迷ったりすることがあるよね。そういう場合は**担当医以外の医師の意見**を聞くといい。そのための外来を設けてる病院もあるよ。

A

セカンドオピニオン

Q

企業にはいま、**人種・性別・年齢などを問わず、多様な人材を活用するよう取り組むこと**が求められているね。履歴書なんかいらないくらいだ。

A

ダイバーシティ

Q

最近は**コンピュータソフトに関する使用説明書**が冊子ではなく、アプリケーションソフトに付属していることが主流になってきたね。

A

チュートリアル

Q

日本は企業への課税率が高いから、売り上げの一部を**外国企業に対して非課税もしくは極めて課税率の低い国や地域**に移せば、節税になるんじゃない？

A

タックス・ヘイヴン

Q

健康法の一つとして、**体内の老廃物や有害物を取り除く**効果のあるものが注目されているよね。

A

デトックス

Q

通信機能を持たないゲーム機やパソコンをスマホにつなぐことでインターネットが使えるようになる仕組みを利用すれば、このゲーム機でネットゲームを楽しむことができるんだよ。

A

テザリング

ナ行

Q

病気で回復の見込みがなく、死を迎えるばかりになったら、**患者の精神的・身体的苦痛を和らげ、本人が少しでも心穏やかに過ごせるように施される医療・介護**を受けるのが望ましいと、私は思う。

A

ターミナルケア

Q

サラリーマンだからって毎日出勤することもなくなりそうだね。**ITやモバイルを使って自由に場所と時間を選んで仕事する人**だって出てきているもの。

A

ノマドワーカー

Q

これからの経営は、**組織内のメンバーが持つ知識や知恵を共有して管理すること**が求められるよね。

A

ナレッジマネジメント

Q

市場環境や顧客ニーズなどの変化に柔軟に対応する高い組織能力のある企業こそが、競争に勝ち残れる。

A

フレキシビリティ

Q

このファンドは過去三カ月、**運用成績を比較するときに基準としている指標**を超える利回りを達成しているそうだよ。

A

ベンチマーク

Q

資産運用は分散投資が基本。**複数の金融資産を組み合わせて資産構成をする、その構想**を練らなくてはダメだ。

A

ポートフォリオ

Q

ウィンドウズやマックのように、**コンピュータ上でアプリケーションを動作させる基盤となるOSやハードウェアなど**を持っている企業は強いよね。一般的なビジネスでも、そういう**不特定多数の顧客に対して複数のサービスを提供できる基盤**を持てれば成功間違いなしだよ。まぁ、そこが一番難しいんだけど。

A

プラットフォーム

Q

当社の商品についての消費者**調査で得られた意見や感想などの情報を生かして今後の行動に生かすこと**をしていこう。

A

フィードバック

Q

商談って、**こちらが不利な状況にあっても、強気のはったり**をかけるとうまくいく場合があるよね。

A

ブラフ

Q

我が社の強みを生かして弱みを補うために、他社の持つ**異種・異質なものを組み合わせること**を考えよう。いままでにはないすばらしい成果が上がりそうだよ。

A

ハイブリッド

Q

彼らの言うことを鵜呑みにはできない。**意図的に世間を自分たちに都合のいい方向に煽動しようとする宣伝**に過ぎないフシがあるからね。

A

プロパガンダ

Q

この冬は、新型インフルエンザウィルスが**世界的規模で同時に流行すること**が心配されてるそうだよ。

A

パンデミック

Q

万が一のときに備えて、**地震・台風・噴火などの自然災害が起きたときの被害状況を予測して記された地図**をときどき確認しておくといいね。

A

ハザードマップ

Q

販売促進のためのイベントを行うに当たって、まずは僕たち若手が**自由にディスカッションを行い、アイデアをどんどん出す会合**をすることになった。

A

ブレスト（ブレイン・ストーミング）

Q

次の会議ではあの人に、**テーマ・議題に沿って出席者の発言内容を整理し、発言者が偏ることなく順調に進行するように口添えする役**をやってもらおう。

A

ファシリテーター

Q

会社の業務においては、**過去の成功事例や失敗事例、あるいは最良の結果を生み出した人の持つ知識やノウハウなど**を全員で理解・共有することが大切だ。それが結果的に会社全体のパフォーマンス向上につながる。

A

ベスト プラクティス

マ行

Q

部員全員の営業スキルを向上させるために、上司が**効率よく学ぶことができて、現状の問題解決につながる体系づけられた方法**を開発してくれた。

A

メソッド

ヤ行

Q

あらゆる物にコンピュータが内蔵され、いつでも、どこでもコンピュータの支援が得られる環境なんて、遠い未来の話だと思っていたが、もうすぐそこまで来ているんだよね。

A

ユビキタス

Q

社内に**自分と同じような役割を担う、あるいは目指すところが同じである、手本となる人**がいないなら、社外に求めたっていい。

A

ロールモデル

Q

現状、ムダが多いので、**原材料調達から生産・販売までの物流を効率化するシステム**を再構築する必要がありそうだ。

A

ロジスティクス

Q

為替の証拠金取引のように、ビジネスでも小さな努力を梃子（てこ）にして大きな効果を生むような施策を効かせることが大切だ。

A

レバレッジ

Q

新技術で特許を取ったら、その**特許権の使用料**はどのくらい見込めるの？

A

ロイヤリティ

Q

僕の乗ってる車、メーカーがこないだ**欠陥があることを公表して回収・修理すること**を発表したんだよね。

A

リコール

Q

江戸時代の日本人は世界的に見ても、**文字や文章を読む能力や、文章を書く能力**が高かったと言われている。いまの日本人が磨くべきは、**情報を幅広く収集して取捨選択しながら生かす能力**かもしれないね。

A

リテラシー

Q

オフィスは何も新しく建築するまでもない。**既存の建物に手を加えてより良いものにしていくこと**にしよう。新しい価値の創造だよ。

A

リノベーション

ワ行

Q

行政が率先している取り組みの一つに、**やりがいを感じながらきちんと責任を果たして仕事をする一方で、家庭、地域、自己啓発などにかかる個人の時間を持てる豊かな生活ができるよう、仕事と生活両方の調和**の実現がある。

A

ワーク・ライフ・バランス

あなたの〝カタカナ語〟能力はどうだったでしょうか。

本書では、漢熟語に始まり、季節を表す言葉、和歌・俳句・詩・名言・名文から引用できる言葉、色・音・オノマトペを使った豊かな表現、慣用句の言い回し、カタカナ語まで、幅広い語彙を集めました。

軽く一千を超えるこれらの語彙を駆使できるようになれば、あなたの「大人の語彙力」が非常に豊かで知的になるはずです。

最初に述べたように、これからは話し言葉だけではなく文字によるコミュニケーションに必要不可欠な語彙力が求められる時代。本書を通して繰り返しクイズに挑戦しつつ、多くの語彙を「使いこなす」までに習熟されることを願っています。

がんばりましょう！

すぐ使いこなせる知的な
大人の語彙1000

2018年7月18日　初版第1刷発行
2018年7月25日　　　　第2刷発行

著者　齋藤孝

発行者　笹田大治
発行所　株式会社興陽館
〒113-0024
東京都文京区西片1-17-8 KSビル
TEL 03-5840-7820
FAX 03-5840-7954
URL http://www.koyokan.co.jp

編集協力　千葉潤子
装丁　小口翔平+岩永香穂(tobufune)
本文イラスト　田中チズコ
校正　結城靖博
編集補助　稲垣園子+島袋多香子+斉藤知加+岩下和代
編集人　本田道生

印刷　KOYOKAN,INC.
DTP　有限会社天龍社
製本　ナショナル製本協同組合

ISBN978-4-87723-229-0 C0095

おしゃれな おばあさんになる本

田村セツコ

本体 1,388円+税
ISBN978-4-87723-207-8 C0095

年齢を重ねながらどれだけ美しくおしゃれに暮らせるか? 79歳でますますかわいくおしゃれな田村セツコさんが書き下ろした「おしゃれ」や「生き方の創意工夫」の知恵! イラストも満載です!

孤独をたのしむ本

100のわたしの方法

田村セツコ

本体 1,388円+税
ISBN978-4-87723-226-9 C0095

人は誰でもいつかはひとりになります。いつでもどんなときでも「ひとり」をたのしむコツを知っていたら、素敵だと思いませんか? 80歳現役イラストレーターの田村セツコさんがこっそり教える「孤独のすすめ」。カラーイラスト16ページ! 挿絵も満載です。

群れるな

寺山修司 強く生きぬく言葉

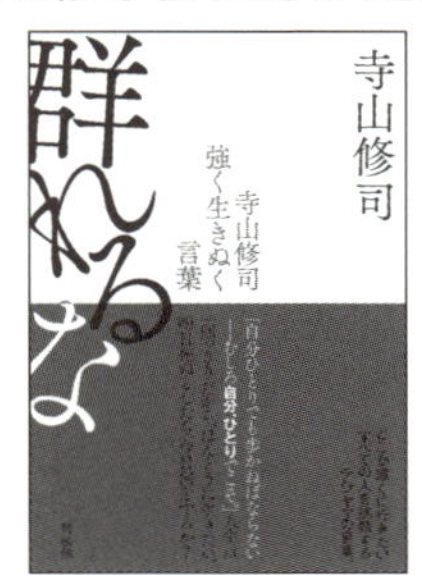

寺山修司

本体 1,000円+税
ISBN978-4-87723-218-4 C0095

「人は弱いから群れるのではない。群れるから弱くなるのだ。」自分は誰なのか? 生きるってどういうことなのか? あしたはどこにあるのか? 若くして死ぬことを知りながら、47歳最後の瞬間まで生き抜いた寺山修司のベスト・メッセージ!

孤独がきみを強くする

岡本太郎

本体 1,000円+税
ISBN978-4-87723-195-8 C0095

群れるな。孤独を選べ。孤独はただの寂しさじゃない。孤独こそ人間が強烈に生きるバネだ。たったひとりのきみに贈る激しく優しいメッセージ。岡本太郎、最新生き方論。

死の準備教育

あなたは死の準備、はじめていますか

曽野綾子

本体 1,000円+税
SBN978-4-87723-213-9 C0095

少しずつ自分が消える日のための準備をする。「若さ」「健康」「地位」「家族」「暮らし」いかに喪失に備えるか?

曽野綾子が贈る「誰にとっても必要な教え」。

身辺整理、わたしのやり方

もの、お金、家、人づきあい、人生の後始末をしていく

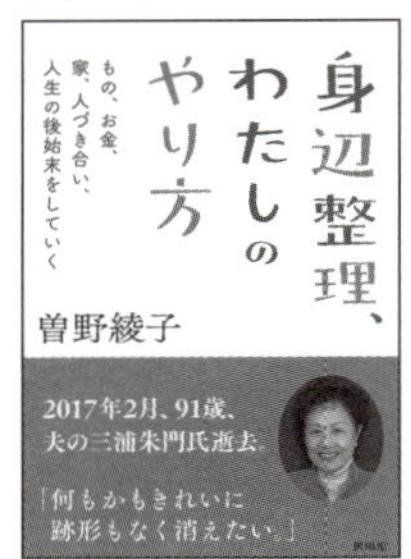

曽野綾子

本体 1,000円+税
ISBN978-4-87723-222-1 C0095

モノ、お金、家、財産、どのように向きあうべきなのか。曽野綾子が贈る「減らして暮らす」コツ。

老いの冒険

人生でもっとも自由な時間の過ごし方

曽野綾子

本体 1,000円+税
ISBN978-4-87723-187-3 C0095

曽野哲学がこの一冊に。だから、老年はおもしろい。誰にでも訪れる、老年の時間を、自分らしく過ごすための心構えとは。人生でもっとも自由な時間である「老いの時間」を、心豊かに生きるための「言葉の常備薬」。

流される美学

曽野綾子

本体 900円+税
ISBN978-4-87723-193-4 C0095

人間は妥協する以外に生きていく方法はない。人間には変えられない運命がある。この運命の不条理に、流されて生きることも一つの美学。60年間以上、人間を見つめてきた作家の究極の人間論。